Paulas Erkenntnisse für ein leichteres Leben

# DIE SCHLEIER LICHTEN SICH

## EINE BOTSCHAFT MIT ERZENGEL MICHAEL

Paula Himmelreich

Die Schleier lichten sich immer mehr- wir können schon auf die neue Erde schauen, wenn... ja, wenn wir auf der richtigen Schwingungsebene hier auf der Erde sind. Wir müssen nur ein bisschen "hinaufklettern" in die Ebene der Liebe, dann ist es schon sichtbar: unser neues Zuhause.

Nein, die neue Erde ist kein Märchen von einem künftigen paradiesischen Leben, es ist uns genauso prophezeit worden und wir kommen dieser Zeit immer näher.

Wir bekommen schon einen Vorgeschmack auf dieses neue leichte Leben, wenn wir uns darauf einlassen.

Schwer ist es überhaupt nicht, jeder kann das.

*Die Wahrheit ist immer ganz einfach,*

*ist es kompliziert,*

*dann ist es nicht wahr.*

Es ist eine Zeit, die spannender nicht sein kann,

aber auch für manch einen als sehr anstrengend empfunden wird.

In diesem Büchlein gibt die Paula wertvolle Tipps, um durch diese turbulenten Zeiten zu kommen- es werden Aufstiegssymptome erläutert und Lösungsvorschläge für ein besseres Wohlbefinden aufgezeigt.

Das Ziel ist ein Leben wie es ursprünglich einmal für die Menschheit und die anderen Bewohnern der Erde gedacht war:

ein Leben voller Harmonie und Frieden.

Es gibt zwei Botschaften aus der Urquelle allen Seins. Die geistige Welt möchte den Menschen Mut machen, damit alle leicht und problemlos durch diese außergewöhnliche Zeit kommen.

## Die Autorin

Paula Himmelreich ist bekannt für ihre Publikationen zum Thema Bewusstsein.

*Paulas Erkenntnisse die das Leben leichter machen*

**Ihr Erfahrungen möchte sie gerne teilen.**

**Sind die Menschen grundlos glücklich und lieben sie bedingungslos-**

**dann ist der Himmel jetzt schon auf Erden.**

***https://paulas.gratislicht.de/home/***

*Die Wahrheit ist immer ganz einfach*

*ist etwas kompliziert,*

*dann ist es nicht wahr*

Haftungsausschluss

Bei psychischen oder körperlichen Beschwerden ist es ratsam einen Arzt aufzusuchen. Dieses Buch stellt keinen ärztlichen Ratgeber dar, und ist kein Ersatz für eine ärztliche Diagnose. Jegliche Haftung ist ausgeschlossen.

## Inhaltsverzeichnis

Oh Herr lass Hirn regnen

Das Herz hüpft und rumpelt

Heute schon eine Runde Karussell gefahren?

Nichts geht mehr

Die Technik spielt plötzlich verrückt

Verschwommenes Sehen

Ungewöhnliche Gewichtszunahme

Die geistige Welt greift ein

Das nervige Ego läuft zur Höchstform auf

Die Jugend hat keine Lust mehr auf die alte Erde

Körperliche Schmerzen

Himmelhoch jauchzend - zu Tode betrübt

Aufregende Träume

Schlaflose Nächte

Nein, du hast kein ADHS, das sind die

## Vorwort

Eine neue Ära bricht an. Die Welten trennen sich. Die Menschheit steht kurz vor einem Bewusstseinssprung. Ein bisschen kann man die neue Erde schon wahrnehmen. Manche Menschen mehr, manche weniger. Das liegt an dem jeweiligen Bewusstseinsstand. Je offener und liebevoller ein Mensch ist, desto besser kann er sich auf die hohen Energien einlassen. Ich habe festgestellt, dass die Aufstiegssymptome nicht mehr so stark sind, wenn ein Mensch viel aufgelöst hat. Alte Konditionierungen oder Verletzungen der Seele können sich jetzt stark im feststofflichen Körper bemerkbar machen. Die eintreffenden Energien sind ausgesprochen intensiv geworden. So manch einer weiß gar nicht mehr wo ihm der Kopf steht. Viele Menschen können das Gefühlschaos nicht einordnen und sind regelrecht verzweifelt. Was passiert hier mit uns? Weshalb können wir in der einen Minute vor Freude springen und in der nächsten Minute brechen wir in Tränen aus? Weshalb scheint es ab und an so, als ob man in einem Paradies leben würde und ein anderes mal fühlt es sich an, als ob die Hölle die Tore weit geöffnet hätte. Nicht gerade wenige Menschen zweifeln mittlerweile an ihrem Verstand und denken sie würden bald verrückt werden. Die Aufstiegsenergien haben seit dem ersten Büchlein aus der Urquelle: "Die neue Erde ist schon da", sehr stark zugenommen. Auch im Außen ist jetzt sichtbar, dass die 3D Welt ganz schön bröckelt. Es sind einmalige, aber auch äußerst spannende Zeiten. Um den Menschen ein bisschen Halt und auch eine Orientierungshilfe an die Hand zu geben, wendet sich die geistige Welt des Lichts an die Menschen. Sie wollen uns eine Hilfestellung geben und uns trösten, in diesen turbulenten Zeiten. Leider können noch viele Menschen nicht die Botschaften der Engel oder Geistführer hören. Deshalb schreiben mediale Menschen die Durchsagen auf.

Dieses Büchlein wurde mir von Erzengel Michael aufgetragen. Wir dürfen gespannt sein, was es Neues zu berichten gibt.

Wie immer weiß ich im Vorfeld nichts über den Inhalt der Botschaft...

Ich gebe bewusst die Texte keinem Lektorat, da ich die Energie unverfälscht übermitteln möchte.

An dieser Stelle möchte ich dir recht herzlich danken, dass du dieses Büchlein gekauft hast.

Lese immer mit offenem Herzen und ohne dein Ego, dann kannst du diese Energie auch fühlen und aufnehmen, wenn du das auch willst!

Meine Empfehlung lautet: Sperre dein Ego irgendwohin ein. Ich setze es immer in den Schrank und drehe den Schlüssel um.

Dann öffne dein Herz ganz weit und lasse es offen. Nur so kannst du die Energie spüren, die in den Zeilen schwingt. Genieße die Schwingung, ein wunderbares Gefühl in den höheren Ebenen zu verweilen. Es ist fast ein bisschen so, wie auf der Wolke 7 zu sitzen.

Gut, dann bleibe gleich mal auf deiner Wolke sitzen und nimm das Büchlein zur Hand und entspanne dich:

## Die hereinströmenden Energien wirbeln kräftig durch

Einmal Hauptwaschgang und anschließend kräftig schleudern. So oder so ähnlich fühlt es sich schon eine ganze Zeit lang an. Je weiter jemand in seinem Bewusstseinsprozess fortgeschritten ist, umso intensiver spürt er diese Reinigungsenergien. Menschen die sich zum Ziel gesteckt haben mit der Erde aufzusteigen, werden komplett auf den Kopf gestellt. Gut, die anderen, die scheinbar noch nichts spüren, haben noch ein paar Leben lang eine "Schonfrist". Die anderen dagegen, rüttelt es ganz schön durch.

Fest steht, die neuen Menschen, also die noch jung sind, kommen schon relativ gut ausgestattet für ein Leben auf der neuen Erde, zur Welt. Bei denen ist es dennoch so, dass sie mit dem dichten Leben hier in der 3. Dimension nicht gut zurechtkommen. Aber dazu später mehr.

Bei einem sehr weit geöffneten Herzen, hören die Wehwehchen nach und nach, auf. Der Körper ist in der hohen Schwingung der Liebe für das Leben auf der neuen Erde vorbereitet und es gibt kaum noch Anpassungsschwierigkeiten.

Menschen, deren Herzen noch nicht so weit geöffnet sind, fühlen sich noch sehr geplagt. Falls du auch zu diesen Menschen gehörst, ist der folgende Absatz vielleicht ganz interessant für dich:

## Aufstiegssymptome - wenn es mal wieder

## zwickt und zwackt

Solltest du ebenfalls im Internet die verschiedenen Energiemessungen verfolgen, kannst du einen gewissen zeitlichen Zusammenhang mit deinen eigenen Befindlichkeitsstörungen feststellen. Wenn du noch ein bisschen an die neue Energie angepasst werden musst, wirst du einen direkten Zusammenhang zwischen den Anomalien auf der Erde betreffend der Energien und deinen Schmerzen, erkennen. Es geht immer wieder ein Stückchen mehr in eine höher schwingende Welt. Die Dichte nimmt ab, alles wird durchlässiger, auch unsere feststofflichen Körper. Genau das ist die Ursache für diese sogenannten Aufstiegssymptome. Unsere Erde steigt mit allem in die 5. Dimension auf. Mit allem heißt: alles was auf der Erde lebt, mit einigen Ausnahmen, aber dazu später mehr.

Um dann in einer höheren Dimension leben zu können, muss alles Schwere losgelassen werden. Diese hereinströmenden Energien reinigen gründlich alles- nichts kann mehr festgehalten werden. Wie, als ob eine unsichtbare Energie an uns zerren würde, so fühlt es sich an. Diese Energie "entreißt" uns schier alles Alte, wenn wir es nicht einfach von uns aus loslassen.

Klar unser Zellsystem ist noch auf die alte Energie ausgelegt und muss erst umgebaut werden, das führt zu diesen Nervenschmerzen im ganzen Körper.

Leichter ist das alles mit einer gewissen Gelassenheit zu ertragen. Wichtig ist, wie auch in "normalen" Lebenslagen, **mit** den Energien zu gehen und nicht **dagegen**. Im praktischen heißt das, wenn du voller Kraft strotzt und die Welt aus den Angeln heben könntest, dann tu es einfach. Dann ist es eine gute Zeit um Gas zu geben. Lasse dich nicht von der Uhr in die Irre führen, sondern erledige alles, was du möchtest in **deinem** Rhythmus. Auch wenn es schon weit nach Mitternacht ist und du eigentlich schlafen gehen **solltest** aber noch überhaupt nicht müde bist, mache einfach das weiter, was du gerade erledigst. An einem anderen Tag bist du schon um 19.00 Uhr todmüde, dann gehe einfach ins Bett. Denke nicht darüber nach, ob das in Ordnung wäre. Hast du noch kleine Kinder die um 20.00 Uhr ins Bett gebracht werden sollten- egal, bringst du euch einfach alle auf einmal um 19.00 Uhr ins Bett! Du sollst mehr auf dein Gefühl hören, dann wird das Leben um einiges leichter. Die Aufstiegssymptome sind wesentlich weniger stark spürbar, wenn du deinem Körper, aber auch deiner Seele die Auszeiten gönnst. Du kannst dir höchstwahrscheinlich gar nicht vorstellen welche starken Kräfte da auf dich einwirken.

Unsere Körper werden neu kalibriert das kann uns ganz schön ermüden.

Kennst du auch dieses kribbeln? Die Fußsohlen oder die Hände kribbeln und es fühlt sich an, als ob du unter Strom stündest. Kommen wieder extrem starke Energien bei uns an, sind diese körperlich richtig zu spüren. Da kann es schon vorkommen, dass es wie in Wellen über die ganze Haut fährt und regelrecht pulsiert. Ein eigenartiges, aber nicht schmerzhaftes oder unangenehmes Gefühl. Es ist wirklich schwer zu beschreiben- du wirst es verstehen, was ich meine, wenn du es selbst auch so wahrnimmst.

Es gibt denke ich ebenso viele Aufstiegssymptome wie es Krankheiten gibt. Nein, das war ein bisschen übertrieben, natürlich gibt es weitaus mehr Krankheiten, aber dennoch sind es zahlreiche Symptome die uns Menschen in dieser turbulenten Zeit plagen können.

Immer wieder schreiben mich Leserinnen und Leser an, um mir von ihren physischen, aber auch psychischen Symptomen zu berichten.

Ich möchte einige hier aufführen. Aber nicht ohne den nötigen

**WARNHINWEIS:**

Bitte bringe nicht sämtliche Störungen deines Körpers mit dem Aufstieg in Verbindung!

Das könnte echt ins Auge gehen!

Besonders Beschwerden die mit dem Herz-Kreislaufsystem in unmittelbarer Verbindung stehen, könnten dich sonst vorschnell zum Petrus schicken. Das solltest du tunlichst vermeiden, außer du hast die Nase voll von dem Leben hier. Also im Zweifelsfall **immer** schön zum Herrn Doktor gehen. Ich bin sicherlich kein Freund dieser Zunft, aber es ist wirklich manchmal nötig, richtig und auch wichtig, sich anschauen zu lassen.

# Oh Herr lass Hirn regnen

Solltest du auch zu denjenigen gehören, die im Keller vor den Regalen stehen und überlegen, warum sie eigentlich hier sind, dann solltest du diesen Abschnitt weiter lesen. Ja mit dem Gehirn oder besser gesagt mit dem Gedächtnis scheint es einige Probleme in letzter Zeit zu geben. Ganz ehrlich, würde ich nicht wissen, dass wir mitten in diesem Aufstiegsprozess stecken, hätte ich die allergrößten Bedenken, dass sich mein Verstand komplett verabschiedet. Mir kommt es manchmal so vor, als ob ein kurzer Zeitraum fehlen würde. Es scheint fast, als ob die Zeit still stünde. Eigentlich ein wunderschönes Gefühl, es ist ein völliges Eintauchen in den gegenwärtigen Moment. Ich kenne diesen Zustand sehr gut, wenn ich total **da** bin, dann habe ich das irgendwie gesteuert, wenn auch unbewusst. Nur dieses urplötzlich herausgerissen werden, ist erst, seitdem die Energien sehr stark sind. Es scheint, als ob man den Verstand verlieren würde. In diesem Fall kann ich nur von mir selbst berichten: Alles, was mit dem Verstand erledigt werden muss, fällt mir extrem schwer und kostet mich enorm Energie. Es gibt da eine Ausnahme: Bin ich ganz oben in der Schwingung, da wird der Geist wieder völlig klar und funktioniert ohne Probleme.

Dagegen "Arbeiten" die von Herzen erledigt werden können, also aus reinem Bewusstsein heraus, gehen sehr leicht von der

Hand und verbrauchen schier gar keine Energie. Ganz im Gegenteil, diese Tätigkeiten scheinen den Energietank sogar aufzufüllen.

Ich denke da an langweilige Anträge auszufüllen oder mit Behörden zu telefonieren, diese Dinge kosten enorm viel Energie. Freilich das sind ja noch Erledigungen, die in der dritten Dimension wichtig sind, dagegen uns Menschen, die wir schon mit einem Bein auf der neuen Erde stehen, richtiggehend lästig sind, da wir erkannt haben, dass dieses alte Matrixdenken keinen Bestand haben wird. Da kann sich die Steuererklärung gleich einmal wie ein Kaugummi hinziehen oder der langweilige Bürojob kommt einem nicht selten so vor, als ob er nicht "nur" 8 Stunden dauern würde, sondern gut und gerne, doppelt so lange!

Das Arbeiten mit dem Verstand, wird immer mehr zu einer regelrechten Herausforderung.

Es scheint alles so zäh und dicht zu sein, kaum durchzukommen. Ich fühle mich manchmal, als hätte ich einen Taucheranzug an- also die von früher mit den Gewichten dran und einem großen Helm auf.

Genau das Gegenteil geschieht, wenn ich mich in der neuen Energie bewege, da könnte ich fast fliegen, so leicht ist da alles. Da flutscht alles wie von selbst. Ein Traum. Ein leichtes schönes Leben. Aber jetzt zurück zu den Aufstiegssymptomen, die viele Menschen regelrecht plagen.

## Das Herz hüpft und rumpelt

Die meisten Menschen berichten von Symptomen, die das Herz betreffen. Es wird ein erhöhter Zulauf von Menschen mit Herzproblemen in den Notaufnahmen berichtet, die nach eingehender Untersuchung ohne Befund wieder entlassen werden. Meist wird von auffälligem Herzklopfen berichtet. Der Blutdruck und der Puls steigen und fallen wie das Börsenbarometer, ohne ersichtlichen Grund. Es kann sogar zu regelrechtem Herzrasen kommen. Auch wenn ich mich wiederhole: bitte **immer** diese Art von Symptomen vom Arzt checken lassen, das ist kein Spaß und kann schlimmstenfalls schiefgehen!

Unsere Körper, die feinstofflichen und der feststoffliche werden den neuen Energien angepasst, ebenfalls unsere Chakren. Wird das Herzchakra aktiviert, dann rumpelt es zwischendurch ganz schön. Wenn du alle "Gefahrenpunkte" ausgeschlossen hast, kannst du es einfach rumpeln lassen. Ich denke mir dabei schon gar nichts mehr. Ich weiß, alles ist in Ordnung, O.K. dann soll das Herz halt hüpfen.

Würden sich noch weitere Symptome hinzugesellen, weißt du was zu tun ist. Bei gleichzeitigem Blutdruckanstieg, Schweißausbruch und/oder Druck auf der Brust oder anderen Beschwerden wird es Zeit die 110, anzurufen oder einen Arzt aufzusuchen.

Ansonsten ist es anzuraten, ruhig und gelassen zu bleiben. Hektik ist niemals ein guter Ratgeber. Im Zweifelsfall legst du dich einfach ins Bett, meist gehen solche unangenehmen Beschwerden recht schnell wieder vorbei.

## Heute schon eine Runde Karussell gefahren?

Das kann richtig lustig sein: Mancher Tag fühlt sich, auch ohne ein paar Bier intus an, als ob man einen Vollrausch hätte. Kennst du das auch? Ich kann es nur mit einer Trunkenheit vergleichen. Schwindel tritt urplötzlich auf und ein benommenes Gefühl macht sich breit. Die Umgebungsgeräusche hören sich an, als ob man tauchen würde. Alles völlig gedämpft. An diesen Tagen läuft man wie ferngesteuert und irgendwie planlos herum. Es ist ein eigenartiges Gefühl und schlecht zu beschreiben. Ich gehe davon aus, dass du auch von dem einen oder anderem Aufstiegsgefühl heimgesucht wirst, deshalb wirst du verstehen was ich meine. Ich denke, unsere Sprache hinkt dem Aufstiegsgeschehen hinterher. Die neuen Wörter müssen erst noch kreiert werden.

Es ist äußerst ratsam, an diesen "beschwipsten" Tagen einen oder zwei Gänge herunterzuschalten, und verschiedene Tätigkeiten, bei denen du dich konzentrieren musst, auf einen anderen Tag zu verschieben. Mit Gewalt etwas **unbedingt** zu erledigen, funktioniert sowieso nicht. Du ärgerst dich nur, wenn du stundenlang vor einem Blatt Papier sitzt und nichts geschieht! ...

Nur gähnende Leere- in deinem Kopf.

Alles scheint sich gegen dich verschworen zu haben, es ist zum verrückt werden-

willkommen im Aufstieg!

## Nichts geht mehr

Du sitzt zum Beispiel am PC und tüftelst an einer Lösung. Auch nicht nach langem überlegen, nachfragen oder nachgoogeln- nein es funktioniert einfach nicht. Oder: Du hast ein paar Telefonate zu erledigen, erreichst natürlich gar niemanden, oder die Ansage in der Hotline zieht sich gefühlte Stunden hin, endlich geht ein Sachbearbeiter ran an den Apparat- AUS! Verbindung unterbrochen! Das ist mal richtig gemein! Ich könnte noch ellenlange Beispiele aufführen, was **nicht** funktioniert könnte!

Pauschal ausgedrückt: Alles, was noch in der niedrigen Schwingung stattfindet, kann natürlich nicht gleichzeitig mit der höheren Energie zusammen funktionieren.

Das ist ein sehr kompliziertes Thema, die Geschichte mit den

Energien...

Die geistige Welt des Lichts hat mich angehalten, ich solle diese energetischen Gesetze nicht versuchen zu erklären. Das sind hochkomplexe Abläufe, die lassen sich nicht in ein paar Sätzen erklären. Ich verweise in diesem Zusammenhang gerne auf den Physiker und Fachmann auf diesem Gebiet, den Herrn Dieter Broers.

Nur soviel: Es macht überhaupt keinen Sinn, sich Gedanken über die Ursachen dieser Anomalien zu machen. Warum passiert dies so und nicht anders? Warum klappt es in meinem Leben nicht mehr so leicht als früher?

Ich gebe mir selbst immer die Antwort für diese "neuen und auch komischen" Begebenheiten: Das sind die Energien! Fertig. So nehme ich diese Dinge einfach an und hin.

Fühle ich mich müde und schlapp, dann schlafe ich einfach. (wenn es das Leben gerade zulässt, natürlich nicht während der Arbeit oder dem Autofahren!)

strotze ich nur so vor Energie (bei mir ein (fast) Dauerzustand), dann gebe ich ordentlich Gas und erledige alles und noch viel mehr!

## Die Technik spielt völlig verrückt

Jetzt wird es gruselig!

Es kann vorkommen, dass es zu Hause, am Arbeitsplatz oder in einem Geschäft, richtig spukt. Die Lichter flackern, der Computer schaltet sich plötzlich aus, auch andere technischen Geräte schalten sich an und aus wie **sie** wollen und nicht wie **du** willst! Manchmal tanzt der Cursor auf und ab wie **er** will. Das hängt auch mit den Energien zusammen, die scheinbar so intensiv sein können, dass sich das auf die Elektronik auswirkt. Eine weitere Erklärung dafür sind **deine** Energien. Solltest du selbst schon sehr hoch schwingen, kannst du die "veraltete" Technik schon mal Schachmatt setzten. So etwas ist mir auch schon öfter passiert.

Also beim nächsten Mal hin und hergeschalte deiner Gerätschaften, ziehe dir nicht deine Decke über den Kopf und bibbere vor Angst! Nein, bleib cool, du brauchst auch keinen Exorzisten, es geistert nicht, das ist zurzeit alles völlig normal.

## Die geistige Welt greift ein

Hast du ähnliche Situationen auch schon erlebt?

Du steigst in dein Auto, fährst los um deine Freundin zu besuchen. Ein lustiges Nachmittagsplauderründchen erwartet dich und du freust dich darauf, obwohl- eigentlich, wenn du ganz ehrlich zu dir bist: hast du gar keine Lust zum

Kaffeetrinken zu fahren. Viel lieber würdest du bei dieser Affenhitze im See, der gleich bei dir um die Ecke ist, schwimmen gehen. Deiner Freundin einen Korb geben, wolltest du nicht, also rein ins Auto und los gehts. Oder doch nicht? Scheibenkleister, das Auto springt nicht an. Nach ein paar Versuchen gibst du auf und rufst deine Freundin an und sagst ihr ab. Jetzt gehst du erst einmal schwimmen, die Sache mit dem Auto muss bis zum Abend warten.

Dein Nachmittag war himmlisch am See und abends als dein Mann das Auto näher begutachten wollte, drehte er den Schlüssel um und: Alles paletti, Auto läuft!

Ja, das sollte nur ein Beispiel dafür sein, wie die geistige Welt oder auch dein höheres Selbst, eingreifen um deine wahren Wünsche zu erfüllen.

Sie kümmern sich um uns und unser Wohl, das ist schön. Gerade jetzt, da wir in die turbulente Endphase eintreten, greifen sie uns gerne mal ins Steuer. Allerdings nur, wenn wir sie lassen. Es darf nie gegen unseren freien Willen geschehen.

Unser Gefühl sagt uns immer, was das Beste für uns ist. Im Klartext sind das unsere Freunde in der geistigen Welt oder unser höheres Selbst, das uns über unsere Gefühle die Richtung weisen. Wenn du dich jetzt fragst, welche Richtung, dann sage ich dir: genau **die** Richtung die du dir einmal **vor** deiner Inkarnation ausgesucht hast. Damit du dein selbstgestecktes Ziel erreichst, bekommst du Hilfe. Es ist durchaus schlau frühzeitig zu lernen auf diese Zeichen zu hören, umso leichter verläuft dein Leben. Du musst es dir ja nicht unnötig kompliziert machen, es geht auch leicht.

Da wird es wieder Zeit für meinen Leitsatz:

*Die Wahrheit ist immer ganz einfach,*

*ist es kompliziert,*

*dann ist es nicht wahr.*

## Das nervige Ego läuft zur Höchstform auf

Durch den gründlichen Reinigungsprozess bekommt unser Ego noch einmal richtig Oberwasser. Ich würde ein bisschen überspitzt behaupten, es spielt sich richtig auf und verschafft sich hartnäckig Gehör. Geht es dir auch so ähnlich? Längst geglaubte "abgearbeitete" Themen kommen urplötzlich aus dem scheinbaren Nichts hervor und erscheinen als Katastrophenszenario. Kleine "Mückenschiss - Problemchen" erscheinen regelrecht überdimensioniert. So, als ob, sie uns zeigen möchten:

"Hallo !!! Hierher schauen!!! Nicht mehr wegsehen!!!"

Ja, das ist wirklich offensichtlich: Jetzt kann nichts mehr

weggedrückt oder gedeckelt werden- nein, jetzt gilt es hinschauen und abarbeiten! Das Ego schreit uns dermaßen laut ins Ohr, dass wir es einfach nicht überhören können. Das geht schlichtweg gar nicht mehr! Ich möchte das Ego nicht in so eine Art Schmuddelecke schieben, wenn es auch manches Mal so aufgefasst wird. Das Ego ist eine tolle Sache, es hilft uns dabei die alten Kamellen zu sehen und damit haben wir die Gelegenheit schmerzvolle Erlebnisse loszulassen. Wir können vergeben oder einfach nur die hochkommenden Gefühle anschauen und liebevoll annehmen.

Hartnäckig serviert unser Ego Geschichten, die nicht ignoriert werden können. Daran kann man sehen, dass wir uns im Endstadium befinden. Es darf keine Zeit mehr vergeudet werden. Jetzt gilt es hinzuschauen und auch aufzuarbeiten. Da können wirklich aus dem Nichts heraus die Tränchen anfangen zu kullern, aber im nächsten Moment ist alles wieder vergessen.

Ich kann dir nur den Ratschlag geben: Sei nicht so streng mit dir selbst und vor allen Dingen nicht mit deinen Mitmenschen. Wenn jemand einmal ausrastet, dann nimm es ihm nicht so krumm. Nicht jeder kann immer ruhig, gelassen und völlig in seiner Mitte sein.

Sei liebevoll zu dir und allen mit denen du es zu tun hast- alle Menschen benötigen gleichermaßen viel Liebe, in diesem dauerhaften Ausnahmezustand!

## Verschwommenes Sehen

Mein persönliches Barometer für einströmende Energien sind unter anderem meine Augen. Wird alles plötzlich verschwommen, weiß ich, es sind wieder kräftige Energien im Anmarsch. Das normalisiert sich wieder, wenn sich die Energiewerte beruhigt haben.

## Unnatürliche Gewichtszunahme

Sollte deine Waage ebenfalls astronomische Zahlen anzeigen und du hast die Batterien schon dreimal gewechselt, weil du denkst sie hätte einen Defekt, dann kann ich nur sagen: willkommen im Club!

Natürlich davon ausgehend, dass du nicht jeden Nachmittag 2 Sahnetorten und Abends eine Pizza verdrückst und dann anschließend den Tag noch gemütlich mit einer Tüte Gummibärchen und einer Flasche Bier auf dem Sofa ausklingen lässt.

Tja, es ist wirklich offensichtlich, dass wir immer weniger Energie aus unserer Nahrung aufnehmen müssen, sondern immer mehr auf Lichtnahrung umgestellt werden.

Essen wir weiterhin soviel wie bisher gewohnt, dann haben wir einen Energieüberschuss und nehmen zu, das ist völlig klar.

Dies ist kein Diätbüchlein- du wirst sicherlich selbst am besten wissen, wo du Kalorien einsparen, oder mehr Energie verbrauchen kannst, um nicht auf die neue Erde zu rollen! (kleiner Scherz am Rande)

## Die Jugend hat keine Lust mehr auf die alte Erde

Viele Jugendliche flüchten sich instinktiv in eine Art virtuelle Scheinwelt. Die Eltern oder Lehrer erzählen ihnen nichts über den Aufstieg und das neue Leben. Dennoch spüren sie sehr genau, dass da eine ganz große Nummer abläuft. Nur können sie es nicht zuordnen. Deshalb studieren außergewöhnlich viele junge Menschen, sie wissen nicht, wie sich ihr künftiges Leben gestalten soll. Sie sind völlig orientierungslos, weil ihnen natürlich **gar nichts** auf der Erde gefällt, mit dem sie ihr Geld verdienen möchten. Ihre DNA ist eine völlig andere, als die der älteren "normalen" Erdenbewohner. Sie sind alles Kinder mit besonderen Fähigkeiten und sind schon richtig ausgerüstet für ein Leben in den höheren Schwingungen. Diese jungen Leute, sind völlig anders ausgestattet. Für sie ist ein Leben in dem alten System total inakzeptabel. Sie sitzen eigentlich schon in den Startlöchern, wissen es aber nicht. Zumindest die meisten wissen nicht was auf sie und uns zukommt. Das ist schade. Die Jugend ist unsere Hoffnung und sie werden die neue Erde mit bevölkern. Ich freue mich darauf. Ich mag junge Menschen besonders gerne. Ich habe für sei ein Büchlein geschrieben, es liegt mir sehr am Herzen. Es wird Zeit, dass sie aufwachen und ihre elektronischen Spielsachen in die Ecke werfen und ihre wahre Größe erkennen und auch leben. Man hat ihnen diese Dinge gegeben, um sie abzulenken. Sie sollen auf keinen Fall aufwachen, deshalb bekommen sie ständig neue Elektronik in die Hand gedrückt, mit der sie stundenlang beschäftigt sind.

Ein Aufruf an Menschen die mit jungen Menschen oder mit kleinen Kindern, zusammen leben:

Versucht doch bitte gegen diese Trends anzugehen und etwas aus eigenem Willen zu entscheiden. Wenn bei euch kleine Kinder leben, haltet sie fern, von elektronischen Geräten. Sie sind für die Aura der Kinder sehr schlecht. Diese kleinen Wesen schwingen sehr hoch, die Strahlungen von Fernseher, Computer und Handys schaden ihnen sehr.

Macht doch einfach mal den Anfang und stellt euch gegen diese unsinnigen Modeerscheinungen. Ihr wollt doch sicherlich das Beste für eure Kleinen. Dann geht mit ihnen hinaus in die Natur, zeigt ihnen den Wald und lernt ihnen schwimmen. Macht Dinge mit ihnen die ihnen Spaß machen.

Sie müssen ihre Fähigkeiten weiter ausbauen, diese benötigen sie dringend auf der neuen Erde.

Die Kinder und Jugendlichen sind unsere Wegbereiter, vergesst das nicht!

## Körperliche Schmerzen

Zu diesem Thema möchte ich jetzt keine Aufzählung anführen, denn das würde unnötig Papier verschwenden. Es kann so ziemlich alles weh tun, was weh tun kann. Mehr gibt es dazu nicht zu sagen. Du verstehst sicherlich was ich meine, wenn du diese Zeilen liest und mit den Aufstiegssymptomen zu kämpfen hast.

Meine Empfehlung auch hier, wie bei sämtlichen anderen Aufstiegssymptomen: ärgere dich nicht über dein Unwohlsein, sondern ruhe dich aus, so oft es möglich ist. Lasse den Tag einfach ruhiger angehen. Höre auf deinen Körper, er gibt dir Signale, die du beachten solltest. Ich weiß, manchmal kann man einfach nicht so, wie man gerne möchte. Es gibt Situationen im Leben, da kann man sich nicht einfach hinlegen oder eine Runde spazieren gehen. Klar, es wollen ja auch noch die Penunzen verdient und die Familie versorgt werden, aber trotzt alledem kannst du dir kleine Freiräume schaffen, um dich zu erholen oder auszupowern, je nachdem welche Signale dir dein Körper schickt.

Auch hier gilt dasselbe Prinzip: Schwimme **mit** dem Strom, nicht **gegen** den Strom. **Dagegen** ist immer anstrengend und kostet unnötige Energie. So kannst du auch bei den Aufstiegssymptomen Vertrauen lernen.

Du kannst lernen, dass alles so wie es ist in völliger Ordnung ist. Es passiert nie etwas, um dir zu schaden- nein ganz im Gegenteil: **Alles** geschieht nur zu deinem Besten. Nimm einfach alles an, was kommt und es geht ganz leicht. Schwer wird es nur, wenn sich der Verstand einschaltet und eine Geschichte präsentiert. Er fängt zu plappern an und will es dir nur unnötig schwer machen. Ignoriere den alten Plagegeist einfach! Sag ihm, er solle den Mund halten, du glaubst ihm eh kein Wort. Dann drehe dich einfach um und lasse ihn stehen. Fertig. So einfach ist das.

## Himmelhoch jauchzend - zu Tode betrübt

... und das im Abstand von nur wenigen Augenblicken! Stimmungsschwankung ist ein gemäßigter Ausdruck, man müsste eher sagen: Stimmungs-Schussfahrt! Was auch immer es ist- es rüttelt und zerrt ganz schön an unseren Gefühlen und auch Nerven. Wer da immer ruhig, gelassen und "in seiner Mitte" bleiben kann, Gratulation! Alle Achtung und Hut ab!

Nein wirklich, diese Zeiten sind eine echte Herausforderung

für uns alle. Ob jemand noch ganz am Anfang seines Bewusstseinsprozesses steht oder schon sehr "weit" ist (was auch immer das bedeuten mag), hier kann jeder einmal aus seiner "Mitte" gerissen werden und einen Tobsuchtsanfall bekommen. Sei nicht so streng mit dir in diesen Zeiten. Das geht uns allen so. Altes, verstecktes und längst vergessenes taucht urplötzlich wieder auf und will gesehen werden. "Na toll", wirst du dir sicherlich schon einige Male gedacht haben, "das hatten wir doch schon öfter mal." Eigentlich, dachtest du, dieses Thema wäre schon längst erledigt. Pustekuchen! Nein noch einmal, wie in einer nie endend wollenden Schleife- als, ob eine Schallplatte hängen geblieben wäre.

Klasse, wie oft denn eigentlich noch?

Tja, ich kann immer nur dasselbe sagen: So, lange, bis du das Thema aufgearbeitet hast und es auch tatsächlich erledigt ist. Keine Minute vorher wirst du Ruhe haben. So einfach ist das.

Also lautet meine (schlaue) Empfehlung: Löse deine Gefühle lieber gleich auf, dann hast du relativ bald deine Ruhe.

Warum ich "relativ" schreibe? Aus einem einfachen Grund: Wir sind Menschen und keine Maschinen. Wir sind nicht nur aus Fleisch und Blut, sondern auch mit Gefühlen ausgestattet. Unsere Gefühle machen uns erst zu einem Menschen. Wir lachen und weinen, das ist wunderschön. So können wir auflösen, was wir wollen, unsere Gefühle behalten wir natürlich. Gott sei Dank. Sonst wären wir ja Zombies!

Das ist vielleicht die größte Herausforderung für uns in diesem Aufstiegsprozess: Die Gefühle holen gnadenlos vergangenes wieder hoch. Das können Dinge aus der Kindheit, aber auch von früheren Inkarnationen sein, die du immer noch mit dir herumschleppst. Da kann es schon einmal vorkommen, wenn dich einer "schief" anschaut, dass du hemmungslos zu weinen anfängst. Es scheint, die Reaktion wäre völlig "übertrieben". Ja das mag stimmen, dennoch, bei genauerer Betrachtung, war vielleicht genau dieser schräge Spruch, oder die nicht ganz ernst gemeinte Anspielung auf irgendeine Eigenschaft von dir, der Auslöser um eine ganz schlimme alte Geschichte wieder hervorzuholen.

Jemand hat dir deine Knöpfe gedrückt. Sei achtsam! Mache jetzt bloß nicht den Fehler und gehe auf denjenigen los! Du solltest ihm von Herzen dankbar dafür sein, dass er den Angler spielt. Er hat deine alten Kamellen hochgeholt und präsentiert sie dir. Du kannst dich jetzt entscheiden:

Entweder du platzt vor Wut, bewirfst deinen Gesprächspartner mit faulen Eiern oder du gehst raus aus der Situation an einen stillen Ort (das kann auch das stille Örtchen sein) und fühlst deine Gefühle.

Du atmest ganz bewusst ein und aus und fühlst dieses grummelige Gefühl- so lange bis die Wut, die Angst, die Missgunst oder die Trauer gegangen sind. Genauso lange bleibst du in deinem stillen Örtchen sitzen. Du gehst erst wieder heraus, wenn es vorbei ist. Vorbei ist es, wenn du spürst, dir ist ein zentnerschwerer Brocken von deinem

Herzen gefallen, du fühlst dich urplötzlich leicht und beschwingt- du könntest regelrecht die Welt umarmen. Vielleicht sogar den unliebsamen Angler.

Um das Auflösen unliebsamer Gefühle zu erleichtern, stelle ich mir persönlich immer ein Schaf vor. Das hat keinen besonderen "spirituellen" Hintergrund, nein, ich finde die wolligen Zeitgenossen nur so putzig. Wenn du etwas anderes nett oder liebenswert findest, stellst du dir einfach etwas Anderes vor.

Also zurück zu meinem Schaf:

Wenn bei mir etwas zu kochen anfängt und ich mich bewusst atmend zurückziehe, stelle ich mir immer ein Schaf vor, das ich kraule und knuddel. Interessant ist, die Schafe kommen immer in einem anderen Wollkleid anmarschiert. Manchmal ist eines rot, ein anderes gelb oder ein Schaf war sogar einmal leuchtfarben. Das ist lustig anzuschauen. Ich rede mit dem liebenswürdigen Wollknäuel, während ich es streichel und knuddel:

"Du kannst gerne bleiben so lange du möchtest, wenn du keine Lust mehr hast kannst du über meine Aura heimgehen." Das ist meine Botschaft an das unliebsame Gefühl.

Stelle dir das so vor: Irgendwann hast du etwas "Schlimmes" erlebt, was auch immer das gewesen sein mag. Gut, an Erlebnisse aus diesem aktuellen Leben kannst du dich gerade noch erinnern, aber an frühere Leben... da wird es schon komplizierter. Irgendetwas hast du einmal erlebt, was dem

Fass den Boden ausschlug, eine riesengroße Ungerechtigkeit oder sogar einen Mord, wer weiß das schon. Bei oder nach dem schrecklichen Ereignis konntest oder durftest du deine Gefühle nicht fühlen. Manchmal kann auch etwas **so** Schlimmes passieren, dass sich sogar Anteile von uns absplittern. Diese verdrängten Gefühle, um es vereinfacht auszudrücken, wollen aber irgendwann gesehen und gefühlt, oder zurückgeholt werden, wenn sie abgespalten wurden. Nur aus diesem einzigen Grund melden sie sich immer und immer wieder. Solange bis du es kapierst hast und sie liebevoll da sein lässt. Diese verdrängten Geschichten werden durch alle möglichen und unmöglichen Begebenheiten zum Vorschein kommen, nur immer in einem neuen Gewand. Du musst sehr achtsam sein, um sie als solche zu erkennen. Schnell lässt man sich hinreißen und fährt sein Gegenüber an. Das ist völlig falsch und auch ungerechtfertigt. Es geht selten um den aktuellen Anlass, sondern meist um alte Geschichten.

Aktuell befinden wir uns in einer gründlichen Reinigungsphase, da kann man nichts mehr beschönigen oder übertünchen. Nein, jetzt **muss** hingeschaut werden, ob man will oder nicht. Früher konnte man alles noch einmal unter den Teppich kehren, so nach dem Motto: Eine Zeitlang wird es schon noch funktionieren, doch das geht jetzt einfach nicht mehr.

Nur ein kleines Beispiel:

Ist deine Beziehung schon ein wenig am Wanken und Bröckeln, wird sie jetzt wohl auf den Tisch kommen und das

Problem gelöst werden müssen. Da führt kein Weg daran vorbei.

Auch hier gilt: Ruhe bewahren und einfach Stück für Stück abarbeiten. Immer schön gelassen bleiben und wenn es einmal nicht so klappt mit dem Gelassen-sein, dann ärgere dich nicht über dich, sondern sei in dem Augenblick, wenn du es merkst, wieder liebevoll zu dir und den anderen. Das ist überhaupt nicht schlimm, wenn das alles nicht sofort klappt, es geht anderen ebenso wie dir.

Ich möchte wirklich ungern Werbung für meine Büchlein machen- solltest du allerdings recht geplagt mit deinen unguten Gefühlen sein, kannst du vielleicht hier die eine oder andere Anregung finden, die dir weiterhelfen könnte: VERLASSE DIE ACHTERBAHN DER GEFÜHLE: TAUCHE EIN IN DIE WOGE DER GLÜCKSELIGKEIT.

## Aufregende Träume

Nachts werden sehr viele unterdrückte und alte Geschichten aufgearbeitet und noch viel mehr. Wir sind ganz schön am Umherreisen in der Nacht. Nur unser Körper liegt ruhig oder schnarchend im Bett. Unsere Seele dagegen ist ständig auf Achse. Es gibt Menschen, die können sich an ihre nächtlichen Wanderschaften genau erinnern, sie erzählen tolle Geschichten. Was die so alles erleben...

Das heißt wir alle erleben so allerhand, nur erinnern können wir uns nicht mehr. Viel wird nachts aufgearbeitet und aufgelöst. Man kann das "sich erinnern" üben, dafür gibt es einige Praxisanleitungen in Büchern. Es können sich auch sagenhafte Erkenntnisse offenbaren, das ist sehr spannend. Ich möchte dir raten die Zeit **vor** dem Einschlafen und direkt **nach** dem Aufwachen sinnvoll zu nützen. Das ist die allerbeste Zeit um dein Unterbewusstsein zu programmieren. Je nachdem was du gerne erreichen möchtest, kannst du dir bildhaft dein gewünschtes Ziel vorstellen. Noch wirkungsvoller ist diese Methode, wenn du sie mit positiven Gefühlen unterlegst.

Sagen wir einmal, du möchtest einen schönen Urlaub erleben, weißt aber noch nicht wie du ihn finanzieren sollst. Stelle dir kurz vor dem Einschlafen vor, wie du dich auf deinen Urlaub freust, noch ein paar Einkäufe tätigst (Sonnencreme und Badehose...) deine Koffer packst und dann unter der Palme mit deinem Lieblingsgetränk sitzt und den Herrgott einen guten Mann sein lässt. Fühle die Sonne auf deiner Haut, höre das Meer rauschen und spüre den warmen Wind auf deiner Haut. Sei einfach richtig glücklich. Genau mit **diesem** Gefühl schläfst du ein und gleich nach dem Aufwachen verfährst du genau nach demselben Prinzip. Das Wichtigste dabei sind die Gefühle, sie sind der Ausschlag, beim Erfüllen deiner Träume.

Jetzt wirst du vielleicht sagen: "Oje, warum schreibt jetzt die Paula etwas über Wunscherfüllung, sie wiederholt sich!

Das möchte ich dir erklären: Wenn wir später auf der neuen Erde leben, ist manifestieren für uns kein Problem mehr. Da herrschen hohe Energien und wir lernen Stück für Stück, wie es funktioniert.

Dennoch ist das "Wünsch dir was-Programm" auch jetzt schon sehr leicht durchzuführen. Es ist unglaublich, wie leicht und auch schnell es jetzt schon funktioniert. Manchmal kommt es mir wie Zauberei vor. Was vor 10 Jahren noch undenkbar gewesen wäre, ist jetzt ein Kinderspiel. Weißt du was? Probiere es doch einfach einmal aus. Trau dich, du kannst nichts verlieren- nur gewinnen.

Wichtig ist nur: hab Vertrauen! Vertraue dir selbst und deinen Gaben. Du glaubst nicht, was da alles möglich ist!

Wenn du dir etwas wünscht und im Hinterkopf denkst du dir: "Na, ja ist das nicht eine Hausnummer zu groß für mich?" Oder sogar:

"bin ich das überhaupt wert?" "Ist das nicht ein bisschen unverschämt von mir, vom Universum soviel zu verlangen?"

Blödsinn!

Du verdienst **alles** und noch viel mehr! Weißt du warum? Weil einfach genug da ist. Es ist für alle Menschen mehr als genug da! Es gibt gar keinen Mangel. Das ist eine Illusion. Das haben auch einmal einige wenige uns einzureden versucht, um uns klein und unbewusst zu halten.

Stelle dir vor, dich überschüttet das Universum mit einem ganzen Haufen... ja was eigentlich? Egal, Hauptsache viel. Das können Äpfel und Birnen sein, Geld, Gold oder einfach irgendetwas das du gerne magst.

So und jetzt stelle dir weiter vor, wem du eine Freude bereiten möchtest. Du könntest unendlich vielen Menschen behilflich sein, ein schönes und reiches Leben zu führen. Weißt du, manchmal hängt das Wohlergehen (noch) vom Geld ab! Es gibt viele arme Rentner, die sich keine gesunde Mahlzeit leisten können, oder die gerne einen Wellnessurlaub buchen würden, weil sie etwas kränklich sind. Das wäre doch wirklich ein Freudenfest, wenn du bei solch einem Ehepaar mit einem Gutschein für ein Wellnesswochenende und 5000,-- Euro im Kuvert, anwackeln würdest. Kannst du dir das vorstellen, wie die sich freuen würden und das Allerbeste wäre: Die Freude die **du** fühlen würdest, beim Überreichen des Geschenkes!

Unbeschreiblich!

Gänsehaut pur!

Lasse dir nie wieder eine falsche Bescheidenheit einreden. Fordere alles ein, was du dir wünscht. Es kann nie zu viel sein!

Weißt du, ich denke mir, lieber bekommt ein bewusster liebevoller Mensch wie zum Beispiel du, viel Geld in die Hand, als dass ein unbewusster irgendeinen Blödsinn damit tun würde. Bevor jetzt ein Entsetzen bei dem einen oder anderen Leser sich breit macht: Mit Blödsinn meine ich, etwas zu kaufen, dass uns, unseren Planeten oder andere Bewohner schaden würde. So möchte ich es pauschal formulieren. Wobei die Grenzen natürlich fließend sind. Es ist mir auch klar, dass selbst meine Bio -jeans, aus echtem fairen Handel, natürlich auch die Umwelt schädigt. Besser wäre es natürlich, diese gar nicht erst zu kaufen.

Aber: Ganz ehrlich, ein paar Kompromisse müssen wir schon eingehen, wenn wir hier leben möchten. Am allerbesten kann man Ressourcen sparen, indem man natürlich nur dann etwas kauft, wenn es auch tatsächlich notwendig ist. Wenn jemand einen Bürojob hat, muss sein Kleiderschrank natürlich anders aufgestellt sein, als bei jemanden, der als Erntehelfer arbeitet. Auch in dieser Frage werden wir von unserem Gefühl geleitet und jeder weiß sehr genau was richtig und was falsch ist. Unser Herz zeigt uns immer den richtigen Weg, auch in Kleiderfragen.

## Schlaflose Nächte

Wenn ich dir von mir berichten darf: Mein Schlafbedarf hat sich erheblich reduziert. Als die Energien richtig Fahrt aufnahmen, bin ich viele Nächte lang wach gelegen. Gut, ich nütze solche Zeiten immer zur Meditation, dennoch ist es lästig stundenlang hellwach im Bett zu liegen. Bis ich dann anfing immer noch später zu Bett zu gehen. So wie früher mal 8 Stunden am Stück zu schlafen, das geht heutzutage überhaupt nicht mehr. Ich schlafe nur noch stundenweise, sozusagen "stückchenweise". Aus den 8 Stunden wurden gerade einmal 4 – 6 Stunden, mehr nie, eher weniger, je nach Energielage. Es wurde prophezeit, wir bräuchten später überhaupt nicht mehr zu schlafen. Das ist auch toll, dann haben wir viel mehr Zeit für das Leben zur Verfügung. Ehrlich gesagt, finde ich das jetzt auch schon klasse- der Tag ist viel länger als früher.

## Nein, du hast kein ADHS, das sind die Energien!

Wie geht es dir mit der veränderten Energielage? Hängst du mehr durch und bist müde oder strotzt du nur so vor Energie? Du könntest den ganzen Tag und noch viel länger, (schmunzel) irgendetwas tun, ohne auch nur ein bisschen müde oder erschöpft zu werden? Willkommen im Club! An manchen Tagen ist soviel Power in mir, dass ich mir schon überlegt habe zum allerletzten Mittel zu greifen: Sport!

Ja irgendwie habe ich manchmal das Gefühl ich könnte wirklich fliegen oder so... Ich kann das nicht beschreiben. Würde ich jetzt sagen: Ich fühle mich wie im Himmel, ist das unglaubwürdig, da ich ja mit meinem Körper noch nicht im Himmel war. Na ja, vielleicht fühlen Menschen, die sich Drogen einwerfen so ähnlich wie ich. Du weißt schon, eine ganze Nacht lang durchtanzen, ohne zu pausieren...

Diese gigantische Tatkraft ist ein tolles Gefühl, besonders weil es während dieser "Zustände" auch keine Schmerzen gibt.

Interessanterweise funktioniert auf dieser Ebene das Gehirn auch wieder- das produktive Denken und die Konzentrationsfähigkeit ist wieder sehr stark präsent. Das ist natürlich hilfreich, wenn man Dinge zu erledigen hat, bei denen man sich konzentrieren muss.

Und: Das ist ebenfalls wunderbar: Die lästige Plapperei des Ego-Verstandes gibt es hier auch nicht. Wirklich, ob du es glaubst oder nicht, hier oben hat der lästige Zeitgenosse Sendepause. Keine lästigen unnützen Gedanken!

Ein völliges Eintauchen in das Hier und Jetzt. Toll ist, es geht alles ganz von alleine. Ich muss mich zu gar nichts zwingen oder auf etwas konzentrieren- alles ist ganz leicht. Ein richtig schönes Leben. Ein wirklicher Traum. Ich sage dir: Da würde ich am liebsten für immer bleiben! Irgendwie wird man auf eine höhere Bewusstseinsebene katapultiert und da geht es voll ab. Ein klasse Gefühl!

Ich wünsche dir von Herzen, dass du auch diese Energie spüren darfst. Falls du zu denjenigen Menschen zählst, die noch mit Schmerzen und Müdigkeit zu kämpfen haben, sei nicht enttäuscht, wenn du diese Zeilen liest. Freue dich, da kommst du auf alle Fälle auch hin. Bei dir laufen nur noch ein paar Reinigungsprogramme durch, die bremsen dein System noch ein bisschen. Auch diese Phase geht vorbei und dann kannst du auch abgehen wie eine Rakete. Du siehst, es lohnt sich also definitiv, das Alte zu entsorgen. Trau dich, dein Lohn könnte nicht größer sein.

## Hitzewallungen nicht nur in den Wechseljahren

Dieses Phänomen berichten zahlreiche Menschen, die sich auf dem Weg befinden. Als Erklärung dafür wird mir von der geistigen Welt dieselbe geliefert, wie bei den anderen Aufstiegsbeschwerden: Unsere dichten Körper werden für die neue Zeit "umgebaut", das ist deutlich spürbar, manchmal an sämtlichen Ecken und Enden.

Wie oder was da genau um Körper abläuft, würden wir eh nicht verstehen und wir sollen uns da keine großen Gedanken dazu machen. Es hat für uns keine Bedeutung, **warum** es so ist. Fakt ist, dass diese Hitzewallungen auch Menschen betreffen, die **nicht** Frauen sind und die **nicht** um die 50 oder 60 Jahre alt sind! (grins). Bleib auch hier gelassen, es gibt Schlimmeres, als kräftig zu schwitzen. Freue dich, dass du diese starken Energien spüren kannst. Etwas sehr Großes ist im Anmarsch und wir dürfen dabei sein! Das ist doch toll! Dieses Privileg haben nicht viele Menschen. Schau doch, wie viele überhaupt nichts von diesem einmaligen Szenario mitbekommen. Die allermeisten Leute denken es sei alles ganz "normal" in der Welt da Draußen. Sie laufen in ihrem Hamsterrad, mehr oder weniger glücklich und genießen, auch mehr oder weniger, ihr Leben. Für uns, die wir wissen oder erahnen, was da alles auf uns zukommt, ist diese Zeit sensationell. Stell dir vor, wie spannend unser aller Leben noch sein wird.

Und: Wie sagenhaft wunderschön! So schön, dass wir uns das mit unserem beschränkten Verstand gar nicht vorstellen können. Gell, ich habe dich nicht als beschränkt bezeichnet, sondern nur unseren Verstand! (kleiner Scherz am Rande) Nein, unser Verstand, der ist beschränkt, sogar sehr! Er schränkt uns ein, wenn er uns erzählt wir können dieses und jenes nicht.!!! Er ist ein alter Spielverderber. Immer wenn wir so richtig in Fahrt gekommen sind und den Himmel auf die Erde holen möchten, kommt er wieder um die Ecke mit: **das** oder **jenes** ginge nicht... Bla, bla bla... Das meine ich mit beschränkt. Er wird immer unglaubwürdiger, denn jetzt erinnern wir uns, wie mächtig wir sind.

Wir können alles.

Ich muss etwas einfügen: Dieses Büchlein wird mir von Michael andiktiert. Er gibt ordentlich Gas. Ehrlich gesagt, komme ich kaum mit dem Tippen nach. Er möchte uns soviel Mut machen, damit wir endlich in die Puschen kommen! Wir sollen nicht immer als Kleingeister durchs Leben schleichen, sondern endlich aufstehen und unsere Macht zurückholen. Er wird gleich das Wort ergreifen.

Er hat eine gigantische Energie! Na, ja er ist ja ein Erzengel, da ist das normal!(Jetzt lacht er richtig!)

... ich mag ihn sehr!

## Unnatürliche Gegenstände bleiben zurück

In höheren Dimensionen gibt es keine Umweltverschmutzung. Erstens sind die Menschen, die hier einmal leben werden, sehr bewusst und würden niemals die wunderbare Mutter Erde verschmutzen und zweitens in dieser hohen Schwingung haben Plastik und andere unnatürliche Gegenstände, keinen Bestand. Solche Materialien können hier gar nicht existieren. Ein noch sehr ursprünglich lebendes Volk (ich glaube mich zu erinnern, dass es die Kogis sind), hat seine Behausungen für die "Entrückung" vorbereitet. Sie haben einfach keine Lust, auf der neuen Erde zuerst ihre Häuser bauen zu müssen. Sie errichteten einfache Lehmhütten, die dann auch nach dem Ereignis noch stehen und nicht in sich zusammen fallen. Sie wissen aus Überlieferungen wie dieses Ereignis ablaufen wird.

Tja, da werden bei uns sicherlich nicht sehr viele Häuser samt Einrichtung stehen bleiben...

Es wäre also schlau und auch umweltverträglich endlich auf Plastik und andere künstliche Stoffe zu verzichten. Längst überfällig ist die Umkehr zu einem bewusstem Leben im Einklang mit unserer wunderschönen Natur!

## Synchronizität - die geistige Welt spricht mit dir

Hast du auch eine Uhr mit digitaler Anzeige, Datumsanzeige oder vielleicht sogar einem Thermometer, herumstehen? Unsere geistigen Freunde sprechen mit uns über die Zahlen. Ich weiß darüber keine Details, außer, dass sie uns mit Zahlenreihen mitteilen möchten: "Hallo wir sind immer für dich da, melde dich mal bei uns!"

Sehe ich 3 oder 4 gleiche Zahlen, also zum Beispiel 11 Uhr 11, dann freue ich mich, weil ich weiß in dem Moment hat einer meiner unsichtbaren Freunde Kontakt mit mir aufgenommen. Manchmal bekomme ich auch eine Zahlenkombination als Antwort der geistigen Welt auf ein Problem, das mich beschäftigt. Damit trösten sie mich, dann weiß ich, sie sind immer für mich da. Ein schönes Gefühl.

Meine "Durchhänger" sind immer nur von kurzer Dauer. Vielleicht liegt es auch an meiner Generalvollmacht, die ich bei der geistigen Welt des Lichts hinterlegt habe:

Ich teilte ihnen mit, sie dürfen sich immer in mein Leben einmischen, wenn es zu meinem Wohle ist. Das hätte ich nicht extra betonen müssen- niemals würden sie etwas tun, was mir schaden würde. Vielleicht findest du eine bessere Anrufung für dich, falls du ebenfalls eine Generalvollmacht erteilen möchtest.

Wichtig in diesem Zusammenhang ist nur, dass du dich immer, wenn du mit den geistigen Reichen kommunizierst, vorher mit der bedingungslosen höheren Liebe verbindest. Auf dieser Ebene bekommst du die "richtige" Verbindung.

Also du sagst:" Ich gehe in Resonanz zur bedingungslosen höheren Liebe".

Dann möchtest du dich verbinden mit der:

geistigen Welt des Lichts.

Wenn du dich daran hältst, kommst du bei den ***Richtigen*** heraus.

Nicht, dass du aus Versehen, bei den Teufelchen herauskommst und dich wunderst, weil deine Wunscherfüllungen etwas kurios ausfallen! (grins)

Mit dieser Anrufung brauchst du auch den ganzen Schnickschnack nicht. Damit meine ich irgendwelche Schutzvorkehrungen oder Rituale.

Einfach die "Richtigen" anwählen, fertig. Dann geht nie etwas schief.

Ich musste gerade für mich grinsen: Anwählen! Was für ein Wort! Leser oder  Leserinnen unter 50 Jahre werden wohl kaum noch so etwas wie einen Wählscheibentelefon-Apparat kennen! Was für eine rasante Entwicklung in der Kommunikationselektronik!

Wie könnte ich es in der heutigen Sprache formulieren? Die geistige Welt an-whatsappen? Ui, ich bin doch etwas "einfach" gestrickt, oder altmodisch. Egal.

Hauptsache, du kommst bei deinen Freunden heraus und kannst mit ihnen freundlich reden.

Synchronizität ist eigentlich alles was nach "Zufall" aussieht. Weißt du, wenn einfach etwas klappt. Solche Dinge, die schon fast gruselig sind, das nennt man dann so. Du bist zur rechten Zeit am rechten Ort. Es läuft, wie geschmiert. Du hast den Eindruck alles geht wie von alleine. Es ist alles synchron.

Alles klappt und passt zueinander. Wenn du solche Geschichten am laufenden Band erlebst, hast du alles richtig gemacht. Das ist der Beweis, dass du dem Universum vertraust. Du weißt einfach, dass alles funktioniert, wenn du deine Sorgen und Probleme ins geistige Reich, abgibst. Du mischst dich einfach nicht mehr sooft ein- deshalb klappt es auch so gut. Das ist toll!

Du hast gelernt, wie man das Leben lebt.

Deine Schwierigkeiten die du früher hattest, sind auf ein Minimum geschrumpft. Je beschwingter du durch das Leben schwebst, umso leichter lässt es sich leben. Wunderbar!

Was kann es Schöneres geben, als ein Leben das tatsächlich gelebt wird?

## Deine Mitmenschen sondern sich von dir ab

Tja, da stellt sich die Frage: warum eigentlich?

Bist du urplötzlich so ein Ekelpaket geworden, dass man es mit dir schier nicht mehr aushält, oder haben deine Mitmenschen jetzt andere Interessen als früher?

Was ist passiert?

Eines ist ganz klar: Die Welten trennen sich und somit auch die Beziehungen der Menschen. Die Wege sind plötzlich völlig verschieden.

Erfahrungsgemäß dauert es eine ganze Weile, bis man es realisiert hat, dass es keinen gemeinsamen Nenner mehr gibt. Instinktiv fühlt man es sehr genau, aber richtig eingestehen- nein, das kommt erst viel später. Klar, wer kann schon so mir nichts dir nichts, einfach die Kontakte zu den Eltern, Geschwistern, Tanten und Onkeln abbrechen? Schlimmstenfalls zu allen- vielleicht sogar noch zusätzlich zu den Freunden und Bekannten! Ein Desaster!

So wäre man am Ende ja völlig alleine! Nein, dann doch lieber einen Kompromiss eingehen und die bucklige Verwandtschaft alle paar Wochen Pflicht-besuchen und gut ist es. Oder vielleicht doch nicht? Wir haben etwas von den faulen Kompromissen gehört, die nicht mehr funktionieren und den Energien die alles klären.

Ja da kann ich dir nur sagen: "Da musst du durch!" Glaub mir, es funktionieren keine faulen Kompromisse mehr! Entweder hopp oder topp. Du musst dich entscheiden. In diesen Zeiten kann man einfach nicht mehr auf zwei Hochzeiten tanzen! Es geht einfach nicht mehr! Glaube mir das einfach. Solltest du nicht auf diese Tatsache hören, dann beschwere dich am Ende aber nicht, wenn du sanft aber bestimmt von deinen geistigen Freunden in die richtige Richtung geschoben wirst. Sanft, kann auch manchmal ein bisschen schubsen sein. Keine Angst, richtig weh tut es erst bei mehrmaligem sanften schubsen! (grins)

Nein, ohne Witz: Die Menschen treffen eine Wahl. Diese Entscheidung wird auf Seelenebene getroffen. Die einen wollen auf die neue Erde, die anderen wissen nicht einmal, dass es so etwas gibt und würden dich für diese Behauptung in eine Nervenheilanstalt einweisen lassen. Also, rede nicht mit denen die noch sanft vor sich hinschlummern, über solche Dinge! Da erntest du nur Gelächter. Du bist ein bewusster Mensch, der auf dem Weg des Erwachens ist. Wie weit du bist, kann ich natürlich nicht wissen, aber das ist auch nicht wichtig. Klar ist, dass du die Wahrheit suchst, sonst würdest du diese Zeilen nicht lesen. Deine Eltern oder Schwiegermutti würden niemals so ein Büchlein zur Hand nehmen. ***Solch*** *einen Blödsinn lesen die nicht!!!* Also kann man sagen, du und deine Verwandtschaft, leben auf verschiedenen Bewusstseinsebenen.

Noch einmal ein Warnhinweis:

Ich rufe hier nicht zu einem Schwiegermutter-Boykott auf und auch nicht dazu, deine ganze Sippschaft in die Wüste zu schicken! Bitte entscheide du selbst, was richtig für dich ist. Lasse dir niemals von irgendjemanden sagen, was du tun sollst. Ich kann dir nur von meinen Erfahrungen und vieler anderer Menschen berichten und von den Botschaften aus den geistigen Reichen, erzählen. Die Essenz daraus musst du selbst für dich finden. Nicht alle "Rezepte" sind für alle Menschen gleichermaßen hilfreich.

Also weiter im Takt: Deine Mitmenschen, sagen wir einmal als Beispiel, sind unbewusst und leben dementsprechend. Du dagegen hast verstanden wie das Leben funktioniert. Deine liebevolle, mitfühlende Art ist für deine Mitmenschen ein Segen und du bist dir darüber bewusst, dass alles mit allem verbunden ist. Nichts ist voneinander getrennt. Dementsprechend lebst du auch. Du gehst mit offenen Augen durch die Welt. Du achtest die Schöpfung und die Mitbewohner dieses schönen Planeten.

Du musst verstehen: Das sind 2 völlig unterschiedliche Welten in denen ihr lebt. Das kannst du überhaupt nicht miteinander vergleichen. Freilich, früher gab es noch einige

Schnittmengen. Klar, du warst immer schon ein bisschen anders, aber ihr hattet doch noch einige Gemeinsamkeiten. So habt ihr immer etwas gefunden, was euch **zusammen** Spaß machte. Dennoch hast du in letzter Zeit gespürt, dass die Gemeinsamkeiten auf 0 schrumpften. Es macht einfach gar keinen Spaß mehr Geburtstage zusammen zu feiern oder Weihnachten... Dir graut schon beim Gedanken an den nächsten Pflichttermin: "Oh Gott, der 75. Geburtstag von Tante Frieda, wie kann ich den Tag nur aushalten? Hoffentlich bekomme ich die Krätze oder Malaria, damit ich nicht antanzen muss!"

Kannst du solche Gedanken? Also ich habe das erlebt. Auch ich bin durch die Phase der faulen Kompromisse gegangen. Ich habe auch nicht beim ersten Unwohlsein in der Magengegend die Kontakte abgebrochen. Aber, ich muss sagen, sehr lange habe ich das nicht mitgemacht. Dann bin ich konsequent gewesen und habe alles, was sich nicht mehr gut anfühlte, abgebrochen. Ich erzähle nicht, wie viele Kontakte nach dieser Reinigungsaktion noch übrig geblieben sind, aber glaube mir und das ist kein Witz: kaum etwas blieb übrig...

Es gab auch bei mir Zeiten, da war alles fein. Ich hatte wirklich ganz viele liebevolle Verwandte, Bekannte und Freunde. Jede Menge Spaß hatten wir zusammen. Jedes Jahr an Weihnachten wurde eine Riesenparty gefeiert. Es wurde gegessen und getrunken wie bei den Fürsten und wir freuten uns immer alle, wenn es wieder einen Anlass gab, sich zu sehen.

Bis sich bei mir dieses komische Gefühl einschlich. Irgendwann, ich weiß ehrlich nicht mehr wann das war, interessierten mich die Gespräche nicht mehr. Ich hatte andere Interessen, aber eben nur ich. Ich ertappte mich, wie sich schon **vor** solch einem Treffen dieses ungute Gefühl zeigte. Mir grauste regelrecht.

**Nach** so einem gezwungenen fröhlichem Nachmittag war ich regelmäßig platt- völlig ausgelaugt und müde, manchmal hatte ich sogar Kopfschmerzen und war froh endlich zu Hause zu sein.

Ich fühlte mich nicht nur **vorher** schlecht, nein auch **während** des Besuches und auch noch **nach** der Feier.

Super, das konnte doch nicht wahr sein. Was früher Freude pur war, entwickelte sich zu einem regelrechtes Katastrophenszenario für mich. Bis ich erkannte, so konnte es nicht weitergehen. Wenn ich das auf ein Jahr hochrechnete, verschwendete ich damit mehrere Wochen meines Lebens. Das wollte ich nicht mehr. Ich erkannte, dass es keinen einzigen Grund auf der Welt gab, der mich zwingen könnte Dinge zu tun, die nicht Spaß machen!

Das war eine meiner tiefgründigsten Erkenntnisse!

Ich zog die Notbremse.

Wie wir gelernt haben: Es gibt immer nur den gegenwärtigen Moment im Hier und Jetzt. Den sollen wir lieben und genießen, dann ist das Leben schön und perfekt. Dann fließt Liebe. Davon profitieren die anderen und vor allen Dingen wir selbst. Wenn wir Liebe hinausschicken, freuen sich unsere Körperzellen und können sich gut sortieren, öffnen und perfekt funktionieren. Aber nur dann! Sie brauchen nicht nur Vitamine, nein sie brauchen die Liebe um arbeiten zu können.

Wenn wir faule Kompromisse eingehen und uns an Plätzen aufhalten und mit Menschen zusammen sind, die wir nicht mögen, stockt diese Energie. Wir haben dicht gemacht und es kann keine Liebe fließen. Wir sind nur angenervt und schauen auf die Uhr, wann denn endlich die Zeit abgesessen ist.

Glaub mir, du tust deinen Verwandten/Bekannten damit keinen Gefallen, wenn du nur so tust als ob! Wenn du ihnen nicht wirklich zuhörst und dich nicht öffnest für deren Sorgen und Probleme, kann die Liebesenergie nicht fließen. Sie profitieren überhaupt nicht von deinem "Pflichtbesuch".

Treffe dich entweder gern oder gar nicht!

Vergiss die alten Konditionierungen, wirf sie alle über Bord.

Denke dir nichts dabei. Auf Seelenebene wissen diese Leute alle, dass du das Richtige machst und halten dich auch nicht auf. Sie sind momentan noch in einem unbewussten Zustand und reagieren dementsprechend. Das hat aber überhaupt keine Bedeutung für dich.

Weißt du, was ich damals gemacht habe? Ich habe mich mit denen alle auf Seelenebene getroffen und ihnen erklärt, was los ist. Fertig. Dann haben sie Bescheid gewusst. Sollten sie vielleicht dennoch schlecht hinter meinem Rücken gesprochen haben, ist das für mich völlig bedeutungslos. Ich habe alles richtig gemacht.

Für das Ganze ist es wichtig, dass ich offen bin und viel Liebe hinausschicke, denn damit ist **allen** Menschen gleichermaßen gedient. Auch meine "ehemaligen Freunde und Verwandten" profitieren von dieser Energie. Das ist schön und gut.

Sei mal ganz ehrlich zu dir selbst: Kann es vielleicht sogar sein, dass du nur zu feig bist um den Kontakt abzubrechen? (Ganz ehrlich, ich war auch feig, das ist völlig normal!) traust du dich nicht zu sagen: "Ich komme am ... nicht", ohne dir eine Ausrede einfallen zu lassen. Wenn die Gegenfrage kommt: "Warum nicht?" Dann antworte: "Ich habe keine Lust dazu."

Fertig. Keine Ausflüchte, nur einfach die Wahrheit. Schau alles sind doch nur Worte, die aus deinem Mund kommen. Höre nicht auf deinen Verstand der sagt:

"Uh!!! Das kannst du doch nicht machen! Was sich die Leute denken" Was die alles hinter deinem Rücken reden werden! Bei denen bist du unten durch!"

Lass sie reden, das ist nicht **deine** Angelegenheit.

So hast du niemanden verletzt. Wenn derjenige beleidigt ist, dann ist es **seine** Angelegenheit, und nicht deine.

Nur einen Kontakt zu pflegen, um des lieben Frieden willens, ist unehrlich und schadet allen Beteiligten mehr, als er nützt, vor allen Dingen dir selbst.

Sei dir immer treu und mache immer nur das, was **du** willst. Es ist **dein** Leben. Du bist nicht auf die Erde gekommen um andere Menschen zu bespaßen. Nein du bist hier um ein Leben zu leben, nämlich **deines**!

Jetzt während dieser Zeit des Aufstiegst der Menschheit, gibt es keine faulen Kompromisse mehr. Du musst dich für **einen** Weg entscheiden:

Entweder du gehst den Weg der Wahrheit oder der Lüge, mit allen ihren Konsequenzen. Diese faulen Kompromisse sind scheinheilig und nicht göttlich. Sie sind unehrlich. Sei dir dessen immer bewusst, wenn du etwas tust, was **du** nicht willst. Du sollst immer so leben, dass du dich jeden Tag im Spiegel anschauen kannst! Die geistige Welt unterstützt dich immer, wenn du ehrlich und aufrichtig bist. Das gilt nicht nur für den Umgang mit anderen Leuten, sondern vor allen Dingen mit dir selbst. **Du** bist der wichtigste Mensch in deinem Leben.

Das wunderbare ist, wenn du dich konsequent von Menschen aber auch von Geschichten trennst, die sich für dich nicht mehr gut anfühlen, dann kommen plötzlich neue Menschen in dein Leben. Das sind solche, die zu dir und deiner neuen Schwingung passen. Das ist wunderschön und auch rührend.

Gleiches zieht Gleiches an.

Habe keine Angst, dass du den Rest deines Lebens alleine leben musst- du wirst andere Menschen magisch anziehen. Das ist wunderbar.

Es scheint so, als ob sich eine verborgene Türe öffnen würde und völlig aus dem Nichts Menschen erscheinen. Das ist fast schon ein bisschen unheimlich...

Dazu musst du dich aber zuerst komplett vom Alten lösen, nicht nur von den Menschen:

## Gehe konsequent aus den alten Energien heraus

"Was sind denn "alte Energien" genau? Soll ich jetzt mein ganzes Leben hinschmeißen und ein Zelt im Wald aufschlagen?"

Nein, überhaupt nicht!

Natürlich könntest du das, wenn du dazu Lust hast, warum nicht? Es gibt genügend Menschen die keine Lust mehr auf dieses Spektakel haben, alles aufgeben und total aussteigen. Ich bin allerdings der Ansicht, man kann trotzdem in dieser alten Welt leben und sich so gut es geht herausnehmen- **wenn** man das möchte. Das soll keine Wertung sein. Wenn dir dein

Gefühl sagt, dieses bekannte Leben ist jetzt nicht mehr "meins", dann lass es ab jetzt sein.

Ob das dein Beruf ist oder der Trachtenverein, egal: Wende dich nur noch Dingen zu die **du** wirklich von Herzen gerne machst. Nur dann, fließt Energie und es kommt etwas dabei heraus.

Mit den steigenden Energien können alte Strukturen überhaupt nicht mehr Bestand haben. Sie werden alle zerbröseln. Darum setzte nicht auf das falsche Pferd, sondern wende dich dem Neuen zu. Das macht auch viel mehr Spaß.

Habe keine Angst vor den Veränderungen! Wenn du deinen neuen Weg beschreitest wird dich die geistige Welt unterstützen. Sie zeigen dir den Weg und vor allen Dingen, ebnen sie dir deinen Weg.

Du musst nur ganz klar deine Wünsche äußern, dann wissen sie, wohin du willst und unterstützen dich.

Alte Energien, damit meine ich Energien, die jetzt auf der Erde noch bestehen, die aber allmählich von den lichten Energien verdrängt und ersetzt werden.

In diesen einmaligen und sehr stürmischen Zeiten müssen wir sehr besonnen sein. Du musst wissen, das, was wir jetzt erleben, hat es noch nie gegeben. Natürlich wechselten sich immer schon die dunklen Zeiten und die Zeiten des Lichtes regelmäßig ab. Doch dieses Mal soll es ein einzigartiger

Aufstieg sein. Es wurde prophezeit, dass diese "Art" einer Entrückung noch nie dagewesen wäre, da nicht nur die Erde aufsteigen soll, sondern auch andere Planeten und sogar ganze Galaxien. Ich selbst, bin keine Hellseherin und kann diese These nicht bestätigen. Definitiv spüre ich aber, dass die Energien jetzt völlig unterschiedlich und nicht vergleichbar mit früheren Zeiten, sind. Es knistert richtig. Man kann förmlich spüren: Da liegt etwas in der Luft!

Diese Energien sind für uns sehr neu und der Aufstieg ist in vollem Gange. Lassen wir uns darauf ein und surfen wir einfach **mit** der Welle mit, ohne zu wissen wie lange der Ritt dauert- aber mit der Gewissheit, dass wir in ein goldenes Zeitalter eintreten, das unbeschreiblich sein wird. Wir dürfen uns freuen, einen Platz hier auf der Erde bekommen zu haben um bei diesem einmaligen Fest dabei sein zu dürfen. Die Seelen stehen Schlange und suchen händeringend nach Frauen die bereit sind einen Platz in ihren Familien zur Verfügung zu stellen.

Glaub mir, wir werden Bauklötze staunen, wenn wir das Land, in dem Milch und Honig fließen, betreten! In diesem Moment wird die alte Erde vergessen sein. Alle Mühsal wird vorbei sein. Ein Leben in Frieden, Freiheit und mit unendlich viel Spaß erwartet uns, ohne Zwänge und Fesseln! Wir sind auf der neuen Erde wieder Menschen, die einfach nur gerne leben und tun und lassen können, was sie wollen!

Das ist unser Geburtsrecht.

Wir werden eine schier endlose Party feiern und voller Begeisterung unseren nagelneuen Planeten gestalten. Ich freue mich und stelle mich als Gärtnerin zur Verfügung. Die tollen Pflanzen, die ich bei den Kurztipps schon mal sehen durfte, sind unbeschreiblich schön. Darauf freue ich mich am allermeisten.

Also geben wir alle zusammen Gas: Heben wir die Schwingung an, freuen wir uns am besten von früh bis spät und lieben alles und jeden.

So haben wir den Turbo gezündet und nichts und niemand hält uns mehr auf!

## Eine Botschaft von Erzengel Michael

Ich möchte euch etwas über Vergebung mitteilen. Ihr habt sicherlich schon einmal die Geschichte mit dem ersten Stein, den ihr nur werfen sollt, wenn ihr selbst ohne Schuld seid, gehört. Diese Geschichte kennt ihr von meinem Bruder Jesus. Ihr Menschen urteilt vorschnell und richtet über andere. Gott urteilt nicht über euch. Er liebt euch alle gleichermaßen. Selbst diejenigen die vom Weg abgekommen sind, werden wieder in die Herde aufgenommen. Ihr könnt niemals wissen, warum jemand etwas tut, was in euren Augen schlecht ist. Aber was ist schlecht? Ihr habt auf Erden Gesetze, nach denen ihr lebt. Diese haben nichts mit den himmlischen Regeln zu tun. Hier und bei euch auf Erden gelten nur die Gesetze der Energie. Das, was ihr aussendet bekommt ihr wieder zurück. In derselben Schwingungsenergie, in der ihr euch befindet, werdet ihr bedient. Könnt ihr das verstehen? Je reiner eure Energien sind, umso leichter ist euer Leben auf der Erde. Wenn ihr das nur verstehen könntet. Ihr macht es euch unnötig schwer. Das Leben ist nicht schwer. Ihr nehmt alles als so kompliziert an, das ist euer Problem. Indem ihr über andere richtet, richtet ihr in Wahrheit über euch selbst. Ihr schadet hauptsächlich euch selbst. In dem Moment des Urteilens seid ihr in dieser Energieebene und schwingt genauso. Das ist nicht gut für euch. Das Gegenteil von Urteil ist die Liebe. Die Liebe urteilt niemals. Sie kann das nicht. Sie ist eine der höchsten Gefühle, die ihr fähig seid zu fühlen. Es gibt noch höhere Energien, aber dazu seid ihr noch nicht fähig. Erst wenn die Schleier sich komplett gelichtet haben, könnt ihr diese Energien auch leben.

Das ist die himmlische Glückseligkeit!

Ihr seid viel zu kurzsichtig. Ihr könnt euch nicht mehr an eure Seelenverträge erinnern, deshalb urteilt ihr. Würdet ihr euch erinnern, wüsstet ihr, warum jemand etwas Schlimmes getan hat. Ihr habt das alles vorher abgesprochen, also urteilt nicht, wenn euch jemand etwas antut. Verzeiht, egal was euch jemand angetan hat. Es geht so eine enorme Kraft von der Vergebung aus, das könnt ihr nicht erfassen. Ihr befreit demjenigen der euch Unrecht getan hat und ihr befreit auch vor allen Dingen euch selbst. Das ist das Wichtigste. Ihr werdet eine Riesenlast los, die ihr immer auf euren Rücken tragt. Vergebung befreit und erleichtert ungemein. Wisst ihr, warum euch der Rücken schmerzt? Das ist das ganze Unrecht das ihr mit euch herumtragt. Der ganze schwere Sack liegt auf eurem Rücken. Vergebt und euch wird gegeben. Ihr werdet unermesslich beschenkt, wenn ihr aus reinem Herzen vergebt. Vergebt allen alles, dann wird die schwere Last von euren Schultern genommen werden. Wie könnt ihr Gott um Verzeihung bitten und erwarten, dass er vergibt, wenn ihr es nicht tut? Wie kann das sein? Ihr könnt nicht mit zweierlei Maß messen. Genau das, was ihr euch wünscht, dass euch gegeben werden soll, genau dasselbe müsst ihr auch tun.

Ich sage euch jetzt etwas sehr sehr wertvolles zu euch:

Nehmt diesen Sack mit euren ganzen Verletzungen und werft ihn in die goldene Quelle. Lehrt ihn einfach aus. Für all diesen Groll werdet ihr reichlich beschenkt werden. Ihr könnt euren ganzen Groll umtauschen gegen wahre Schätze. Lasst euch überraschen was euch in naher Zukunft alles geschenkt wird.

Geht in euer Herz, da findet ihr den Weg zur goldenen Quelle. Den Schlüssel zum Tor ins Paradies findet ihr auch in euren Herzen. Es ist die Liebe, sie sperrt das Tor auf. Dann lauft immer an dem Bach entlang, bis ihr in einen Wald kommt. Hier stehen große Bäume, so groß wie ihr sie nicht auf der Erde kennt. Am Ende des Baches ist die goldene Quelle. Hier könnt ihr euren Sack ausleeren. Bedankt euch bei ihr und zieht wieder von Dannen.

Das Leben ist sehr leicht und wird noch viel leichter und schöner werden für euch. Es warten grandiose Zeiten auf euch, die ihr in euren Herzen seid und in der Liebe lebt.

Ihr würdet noch viel leichter leben können, wenn ihr uns viel öfter um Hilfe bitten würdet. Wir sind immer für euch da und können so viel für euch tun. Ihr bittet uns nicht um Hilfe, da können wir nicht einschreiten. Es ist der freie Wille, der uns hindert euch zu Hilfe zu kommen.

Deshalb musste dieses Buch geschrieben werden, um euch zu sagen, ihr könntet es noch viel leichter haben, wenn ihr uns anruft. Ihr müsst nicht immer denken: Kann ich wegen diesem oder jenem Problem einen Engel oder gar Gott bitten? Ja macht das, auch wenn euer Auto streikt oder ihr Streit mit eurem Nachbarn habt, ruft mich an, ich kann mit dem Schwert Energien trennen, die euch an die dichten Ebenen binden. Wenn ihr Schmerzen habt oder einen Schlüssel nicht findet, ruft uns an, wir sind nur einen Gedanken von euch entfernt. Öffnet euer Herz, dann werdet ihr unsere Botschaften auch verstehen können.

Geht nochmal in Gedanken durch, gegen wen ihr einen Groll habt. Vergebt jedem einzelnen. Vielleicht habt ihr auch eine Wut gegen euer System und die Politiker, auch hier ist Verzeihung dringend nötig. Warum das so wichtig ist? Ihr müsst das so verstehen:

Wenn ihr eine Wut habt, vielleicht auf einen Politiker, dann seid ihr in dieser Ebene und mit ihm energetisch verbunden. Das ist ein Problem das schadet euch ganz immens. Immer wenn ihr wütend über jemanden seid und über denjenigen schimpft, seid ihr mit demjenigen verbunden und Energie wird euch abgezogen. Demjenigen auf den ihr wütend seid, bekommt dann eure Energie. Sie fehlt euch dann. Das ist ein Hauptgrund für eure Krankheiten. Der Energieverlust. Ihr braucht eure Energie für euch selbst, für euer Überleben. Deswegen unterschätzt nicht die Dringlichkeit der Vergebung. Wenn ihr allen vergeben und euren Sack in die goldene Quelle geworfen habt, werdet ihr spüren welch unendlicher Energiestrom euch erfüllen wird. Ihr werdet angehoben und könnt durch den Schleier, der euch noch von der neuen Erde trennt, blicken. Dann wird der Schleier lichter. Er ist dann kaum noch sichtbar und verdeckt fast nichts mehr. Aber ihr müsst über euren Schatten springen, auch wenn es euch so schwerfällt zu vergeben. Wir wissen das, soviel ist euch schon angetan worden. So viele Leben habt ihr schon gelebt und unendliches Leid erfahren. Es ist fast unmöglich all das zu verzeihen. Aber dennoch ist es möglich, ihr könnt das. Ihr seid schon sehr weit gekommen in diesem Aufstiegsprozess. Ihr schafft den letzten Schritt auch noch. Glaubt uns aus der geistigen Welt des Lichts: Es wartet das Paradies auf euch, ihr werdet ein Leben haben, wie man es mit Worten nicht beschreiben kann. Alle Mühsal und Last gehören der Vergangenheit an. Krankheiten wie ihr sie kennt, sind vorbei, der Tod ist auch nur eine Illusion und nicht mehr von euch gewählt. Alles ist euch möglich, wenn ihr glaubt und vertraut. Wir sind so nah bei euch, ihr müsst uns nur rufen und wir sind da. Es ist so leicht. Aber lieber plagt ihr euch von Früh bis Spät, anstatt uns zu rufen und um Hilfe zu bitten.

Durch die herein strömenden Energien lichten sich die Schleier zwischen den Welten immer mehr. Doch sehen kann nur derjenige der in der Liebe ist. Der wird die neue Erde schauen, der liebt um der Liebe willen. Diejenigen deren Herzen verschlossen sind, werden die neue Erde nie sehen. Sie leben weiter ihr Leben auf der dichten Erde und haben keine Ahnung was nur einen Steinwurf von ihnen entfernt ist. Sie plagen sich und sehen nicht, dass das Paradies vor ihrer Nase ist. Sie haben ihr Herz verschlossen, so können sie nicht sehen. Ihr könnt nur mit euren Herzen sehen. Wenn ihr eure Herzen verschlossen habt, seid ihr blind. Ihr müsst vergeben, sonst öffnen sich eure Herzen nicht ganz. Ihr müsst das verstehen: Ihr könnt liebevolle Wesen sein, vielen Menschen auch helfen und viel Gutes tun, aber wenn ihr nicht allen vergebt, so wie es Gott getan hat, dann schließen sich immer wieder eure Herzen und ihr könnt nicht durch den Schleier blicken. Ihr müsst euch vorstellen heute erlebt ihr einen schönen liebevollen Tag, habt vielleicht viel Gutes getan und euer Herz ist ganz weit offen. Dann denkt ihr wieder über eine alte Verletzung nach und schon ist euer Herz wieder zu. Die Schwingung sinkt und ihr seid auf einer Ebene, die nicht gut ist, für euch und für die Erde. Ihr nützt Mutter Erde nur, wenn ihr eure Schwingung oben halten könnt. Sie braucht dringend eure Unterstützung. Sie muss viel reinigen, ihr Kleid ist arg von den Menschen beschmutzt worden, viel von dem wunderbaren Planeten ist kaputtgegangen. Mutter Erde braucht dringend eure Unterstützung. Sie braucht eure Energie um aufzusteigen. Viele Menschen sollen ihre eigene Energie anheben, damit die Erde mit angehoben wird. Das sollte euer Hauptaugenmerk sein: Eure Energie soll ganz hoch oben sein. Lasst euch nicht in niedrige Energien herunterziehen, das ist nicht gut für euch und für das gesamte Wohl auch nicht. Bleibt immer oben. Macht alles, damit ihr in der Liebe seid.

Kümmert euch nicht um die Welt da Draußen was da alles geschieht. Soviel Leid und Ungerechtigkeit herrscht auf Erden- kümmert euch nicht darum. Es ist nicht eure Angelegenheit. Ihr könnt nichts daran ändern. Das Weltgeschehen folgt einem höheren Plan. Lasst alles laufen wie es ist. Kümmert euch nur um euch selbst. Haltet eure Energie hoch, dann schwingt auch die Erde hoch. Mit dieser hohen Energie könnt ihr dann anderen Menschen am besten helfen. Diese Liebesenergie erreicht alle Wesen auf Erden. Damit könnt ihr die Welt retten: mit eurer Liebe. Flutet die Erde mit eurer Liebe. Ihr müsst nicht mehr tun. Öffnet eure Herzen so weit ihr könnt und die Liebe wird alles erreichen. Schickt viel Liebe auch euren Peinigern. Das ist wahre Vergebung. Heilt und liebt diejenigen die euch Leid zugefügt haben. Denkt immer daran, sie haben es nur getan, weil ihr es mit ihnen vor langer Zeit vereinbart habt. Das klingt grotesk, ist aber so. Wisst, dass ihr viele Leben hier auf Erden und in anderen Galaxien verbracht habt. Viel ist passiert, alles ist geschrieben und muss ausgeglichen werden. Um diesen Kreislauf von "immer wieder vergelten" zu durchbrechen, müsst ihr vergeben, dann ist alles bereinigt und die Liebe kann fließen. Lasst euch reich von der goldenen Quelle beschenken. Der Lohn wird unermesslich sein. Wir wissen, dass es unsagbar schwer für euch ist, alle Pein loszulassen. Aber ihr seid Meister, wie es wir in der geistigen Welt sind. Wir sind Brüder. Ihr habt euch auf den Weg der Erfahrungen gemacht. Ein schwerer Weg, mit sehr viel Leid und Traurigkeit. Erinnert euch wieder, wer ihr in Wirklichkeit seid. Ihr seid nicht diese Körper mit den Namen, die ihr habt und dem Haus, Auto und Beruf, nein ihr seid geistige Wesen wie wir, mit unendlichen Möglichkeiten. Ihr denkt nur ihr seid begrenzt. Das ist nicht die Wahrheit, ihr könnt euch alles erschaffen, was ihr wollt. Es bedarf nur eurer Bereitschaft und dem Anrufen von uns, dann können wir die Energien für euch bereinigen und euch unterstützen. Ihr werdet staunen wie leicht das Leben wird. Durch die hohen Energien die schon auf Erden sind, könnt ihr jetzt schon sehr leicht etwas erschaffen. Die Energien werden jeden Tag noch viel stärker und ihr werdet staunen wie ihr schon in einer Woche oder einem

*Monat manifestieren oder heilen könnt. Freut euch, es sind tolle Zeiten. Ja noch etwas: Freut euch doch mal wirklich. Ihr lacht viel zu wenig. Lachen ist himmlisch und lässt euch die Liebe spüren. Lachen ist eine Gabe der Engel. Wenn ihr jemanden auf Erden trefft, der immer lacht, dann wisst ihr das ist ein Engel auf Erden. Lachen ist eine himmlische Eigenschaft. Werdet wie die Engel und lacht, dann ist der Himmel und die neue Erde ganz nah. Mit der Liebe und dem Lachen holt ihr den Himmel auf die Erde.*

*Wir ziehen uns jetzt wieder zurück.*

Puh, danke lieber Michael.

Ich muss "puh" sagen, weil seine Energie schon richtig gewaltig ist, aber auch unendlich liebevoll, ich mag ihn sooooo gerne! Es ist kein Schreibfehler, als er sagte: *Wir* ziehen uns wieder zurück. Ich kann das auch nicht so richtig erklären, nur soviel: In der geistigen Welt leben reine Energiewesen. Energie kann nicht getrennt betrachtet werden. Deshalb sprechen die meisten Energiewesen in den geistigen Reichen in der Wir-Form, zumindest bei meinen Übertragungen ist das so. Ob das bei anderen Medien so ist, weiß ich nicht. Ist aber auch egal.

Ich gebe die Botschaften 1 zu 1 wieder- wundere dich nicht, wenn die Sätze manchmal ein wenig holprig herüberkommen. Auch hier möchte ich keine Energie "verschwenden", wenn ich den "Rotstift" ansetzen und den Text korrigieren würde. Im übrigen käme ich mir blöd vor, wenn ich eine Botschaft eines Engels korrigieren würde. (lächel)

Jetzt meldet sich Erzengel Gabriel,

mit einer Durchsage über die bedingungslose Liebe:

# Erzengel Gabriel – und die bedingungslose Liebe

Geliebte Menschen, es wird Zeit aufzuwachen. Ihr dämmert immer noch in einem Halbschlaf dahin. Wenn ihr nicht bald aufwacht, ist der Zug für euch abgefahren. Ihr rennt den ganzen Tag euren Beschäftigungen hinterher und seid nie wirklich hier im Leben. Ihr habt richtig gehört: Ihr rennt euren Beschäftigungen hinterher! Wenn ihr euch mit etwas beschäftigt, dann habt ihr eure Gedanken schon bei der nächsten Beschäftigung. Eure Gedanken sind immer schon einen Schritt voraus. So hinkt ihr immer hinterher. Ihr könnt euch selbst nie einholen, weil ihr immer mit dem Verstand voraus seid. So verpasst ihr euer ganzes Leben. Wenn ihr nicht wirklich im Moment seid, verpasst ihr alles, und könnt auch nicht lieben. Wie könnt ihr lieben, wenn ihr immer an später oder Morgen denkt? Liebe kann nur jetzt stattfinden, sonst nie. Lieben kann man nicht auf später verschieben oder auf Morgen. Nein, lieben kann man nur jetzt. Ihr hetzt den ganzen Tag und wundert euch, dass ihr am Abend kaputt und müde in euer Bett fallt, mit einem schalen Beigeschmack. Ihr habt viel erledigt, seid in der Arbeit gewesen und habt zu Hause viele Dinge getan, aber das Allerwichtigste habt ihr verpasst: Ihr habt einfach nicht gelebt. Leben kann man nur, wenn man bewusst ist. Das heißt, dass ihr bewusst etwas tun müsst. Ihr müsst euren Verstand bei der Sache haben und nicht immer an Morgen denken. Menschen, die ihren Verstand nicht bei sich haben, sind unbewusst und verpassen alles. Wenn ihr Energien sehen könntet, würdet ihr erkennen, dass euer Verstand von euch getrennt ist und irgendwo umherschwirrt. So ist er euch nicht dienlich. Er ist ein mächtiges Werkzeug, wenn ihr ihn richtig einsetzt. Lasst ihr ihn aber ohne Kontrolle umherschwirren, nützt er euch nichts, ganz im Gegenteil, ihr seid nicht richtig da. Ihr könnt das üben. Konzentriert euch auf alles was ihr im Alltag erledigt. Macht es so: ganz mit eurem Verstand und ganz mit eurem Herzen. Seid mit allem ganz bei der Sache, auch mit dem Herzen, dann fließt Liebe und ihr habt das Bestmögliche getan.

Viele von euch laufen von Workshop zu Seminar und irgendwelchen spirituellen Schulungen. Das braucht ihr alles nicht, wenn ihr euren Alltag nicht bewusst lebt. Was nützt es euch irgendwelche Themen aufgelöst zu haben und tolle Dinge sehen und spüren zu können, wenn ihr das Wichtigste und Einfachste nicht könnt? Nämlich einfach nur zu leben!!!

Schaut doch einmal im Fernsehen die Völker auf der Erde an, die keinen Fernseher, Internet oder elektronische Technologien zur Verfügung, haben. Diese leben einfach im Rhythmus mit den Jahreszeiten und der Natur. Sie wissen nichts von solchen Sachen, sie haben einfach keine Zeit, weil sie den ganzen Tag mit dem Leben beschäftigt sind.

Sie besorgen sich Nahrung und Wasser, bringen Kinder zur Welt und ziehen sie groß und organisieren einfach ihr Leben. Wenn es etwas zu feiern gibt, dann tun sie das und haben Spaß.

Wenn ihr nur erkennen würdet, dass ihr soviel von euren Brüdern lernen könntet. Es ist völlig falsch, dass man diesen Leuten etwas von euch beibringen sollte! Ihr solltet von diesen Leuten lernen. Sie wissen wie man lebt, ihr wisst es nicht. Ihr lasst euch einreden ihr bräuchtet dieses oder jenes, nur dann seid ihr glücklich. Das ist nicht die Wahrheit. Ihr werdet belogen.

Hört gut zu: Eure wichtigste Aufgabe in eurer Welt ist es endlich zu lernen, wie man lebt. Nur deshalb seid ihr doch auf der Erde. Ihr seid gekommen, um einige Zeit hier zu leben. Warum macht ihr das nicht? Das Leben werdet ihr nur im Moment finden. Schaut doch die Urvölker oder die sogenannten unzivilisierten Menschen an: Sie sitzen vor ihren Aufgaben und sind völlig da. Sie schälen, hämmern oder was auch immer es zu tun gibt, das machen sie einfach. Oder: sie sitzen einfach und tun nichts. Sie haben keine Ablenkung, kein Telefon und keinen Fernseher der stört. Sie arbeiten und unterhalten sich und die Kinder spielen.

Sie wissen wie es geht.

Besinnt euch endlich. Viel Zeit bleibt euch nicht mehr, um umzukehren. Die Menschheit steigt auf in eine höhere Bewusstseinsebene. Hier wird die Liebe gelebt, da ist alles in Ordnung. Die spaltenden Energien sind hier nicht zu Hause. Auf dieser Ebene versteht sich der Mensch wieder als eine Einheit und lebt und liebt sie auch. Das ist das Paradies.

Die Menschen leben völlig im Moment und sind Liebe ohne Bedingungen. Auf dieser Grundlage wird die neue Erde aufgebaut. Mit bewussten Menschen, die völlig da sind. Nur so kann Frieden herrschen und die Liebe wird wieder ohne Bedingungen unter den Menschen sein. Ihr könnt euch freuen, die Energien sind schon da, ihr müsst euch nur aufschwingen in diese hohe Ebene, dann fühlt ihr euch schon, wie auf der neuen Erde. Dann seid ihr nur noch einen Steinwurf davon entfernt.

Übt euer Leben, es ist so einfach. Macht euch frei von den Märchen, die sie euch erzählen und lebt wahrhaftig das Leben, das ihr einst gewählt habt, und *nicht ein Leben, das euch erzählt wird, das ihr führen sollt.*

*Macht euch auf den Weg der Wahrheit und der Liebe, noch ist Zeit. Ihr seid beschützt, der Himmel achtet auf euch. Scheut euch nicht uns, um Hilfe zu bitten, wir sind nur einen Gedanken von euch entfernt.*

*Gehabt euch wohl.*

*Der Himmel ist ganz nah.*

Vielen Dank lieber Gabriel für diese Botschaft.

## Schlusswort

Wir stecken mitten in einer noch nie dagewesenen Veränderung, die nicht nur uns Menschen, sondern auch die restlichen Mitbewohner und das Pflanzen- und Mineralienreich auf unserem Planeten betreffen. Ich bekomme manchmal besorgte Zuschriften von Leserinnen oder Leser, die nicht recht wissen wie sie sich in nächster Zeit verhalten sollten. Eigentlich könnte ich eine Pauschalantwort ausdrucken und allen gleichermaßen zusenden, denn für die unterschiedlichen Fragestellungen gibt es **eine** einzige Antwort:

Versuche so oft wie möglich in der Energie der Liebe zu sein. Die hohe Schwingung beschert dir in dieser Zeit auf unseren alten Erde auf jeden Fall ein wundervolles Leben und wird dich in den unruhigen Zeiten schützen. In dieser hohen Schwingungsebene sind wir unangreifbar und immer zur rechten Zeit am rechten Ort. Warum ich das wissen kann? Nein, ich bin keine Hellseherin, ich habe auch keine Glaskugel zu Hause stehen!

Es ist ganz einfach und auch logisch: Wir wissen, dass wir in der bedingungslosen Liebe auf einer Ebene sind, in der alles fein ist. Hier gibt es Wohlstand, Frieden und ein rundum glückliches Leben. Hier können wir nur sein, wenn wir unsere Herzen ganz weit geöffnet haben, sonst würden wir nicht "da oben" sein können.

Haben wir unsere Herzen geöffnet, ist nicht nur unsere Sendeanlage aktiv, also das Aussenden von Liebe und Freude, nein auch unsere Empfangsanlage. Wir können Liebe empfangen. Das ist wunderschön. Wir können aber nicht nur die Liebe empfangen, sondern auch die Mitteilungen unserer geistigen Freunde. Klar, nicht jeder kann sie richtig hören, wie es ein Medium kann- aber die Botschaften kommen trotzdem alle durch. Sie können als Gefühle wahrgenommen werden. Je offener dein Herz ist, desto klarer kannst du die Botschaften aus der geistigen Welt wahrnehmen. Solltest du dich noch nicht so viel mit diesen Phänomenen beschäftigt haben, wirst du trotzdem dein Gefühl spüren können, dass dich auf alle Fälle vor Gefahren warnen würde.

Deswegen ist es auch schlau zu lieben- es ist unsere beste Lebensversicherung. In der Frequenz der Liebe haben wir einwandfreien Empfang aus der geistigen Welt.

Du siehst, es spricht einfach **alles** dafür den Tag mit Liebe zu beginnen und auch mit der Liebe zu beenden.

Du kannst niemals zu viel lieben. Das geht gar nicht. Sei achtsam, immer wenn dich einer von deiner Wolke 7 schubsen will, halte dich einfach fest. Drehe dich um und lass die alte Spaßbremse weiter meckern. Lasse dir nicht deine Laune verderben und bleibe weiter fröhlich.

Du kannst die Welt mit deiner Fröhlichkeit und deiner Liebe retten. Je mehr du gute Energie in den Äther bläst, um so höher steigt die Gesamtschwingung des Planeten. Unterschätze niemals deine Macht. Du kennst doch das Prinzip des letzten Tropfens, der das Fass zum Überlaufen bringt. Jemand wird eines Tages, vielleicht sogar sehr bald, mit seiner Fröhlichkeit genau dieser letzte Tropfen sein und dann....

Ja und dann wird es spannend. Dann sind wir im Paradies- auf unserer neuen Erde.

Freuen wir uns darauf, es erwartet uns ein **perfektes** Leben.

*In diesem Sinne:*

*Wende dich von der alten Welt mit allen ihren Fallstricken ab*

*und der neuen Erde zu.*

*Verteile großzügig deine Liebe, die Welt braucht sie dringend.*

*Schenke den Menschen dein schönstes Lächeln und lache viel.*

*Dann hast du alles getan.*

*Ich schließe mich an und lache fleißig mit dir mit!*

*Deine Paula Himmelreich*

Falls du jetzt Lust auf mehr bekommen hast, kannst du bei amazon noch weitere Büchlein von mir finden.

Vielen Dank für dein Interesse, und deinen Kauf.

Meine Bücher sind als eBook und als Taschenbuch erschienen:

**Lebe jetzt frei und ohne Angst- Maximale Freiheit ohne Panik und Angst**

10 kg Abnehmen in 14 Tagen,- Endlich frei von Neurodermitis und Migräne

VERGISS ALLE ERWARTUNGEN UND SEI GLÜCKLICH

RAUS AUS DEM HAMSTERRAD - REIN INS GLÜCKLICHE LEBEN-

MINIMALISMUS IST DAS ZAUBERWORT

EINFACH GRUNDLOS GLÜCKLICH SEIN -

DER ULTIMATIVE GLÜCKSRATGEBER

DIE NEUE ERDE IST SCHON DA -

EINE BOTSCHAFT AUS DER URQUELLE

DAS LEBEN AUF DER NEUEN ERDE -

EINE NAVIGATIONSHILFE AUS DER URQUELLE

AUF DIE NEUE ERDE KOMMST DU NUR OHNE EGO -

SCHUBSE DAS TEUFELCHEN VON DEINER SCHULTER

VERLASSE DIE ACHTERBAHN DER GEFÜHLE -

TAUCHE EIN IN DIE WOGE DER GLÜCKSELIGKEIT

EINE BOTSCHAFT AUS DER URQUELLE -

PAULAS REISE AUF DIE NEUE ERDE

HEILUNG DURCH HINGABE -

MIT EINER BOTSCHAFT VON ERZENGEL RAPHAEL

WÜNSCHE ERFÜLLEN SICH LEICHT,

WENN DU ZUHAUSE BIST - *GLÖCKCHEN 1*

PAULAS ERKENNTNISSE FÜR EIN LEICHTERES LEBEN

HIMMLISCHE BEZIEHUNGEN - *GLÖCKCHEN 2*

PAULAS ERKENNTNISSE FÜR EIN LEICHTERES LEBEN

DIE NEUEN KINDER SIND SCHON DA

EINE BOTSCHAFT AN DIE JUGEND - FÜR DAS LEBEN AUF DER NEUEN ERDE

EIN BUCH VOLLER LIEBE-

EIN GESCHENK DES HIMMELS - *GLÖCKCHEN 3*

Impressum

Paula Himmelreich

Postfach 1

86846 Fischach

paulahimmelreich@web.de

Printed in Germany
by Amazon Distribution
GmbH, Leipzig

24769815R00054